ARTE E HABILIDADE

Angela Anita Cantele
Bruna Renata Cantele

"Desde pequena, a arte sempre fez parte do meu mundo. Aos 7 anos, pintei minha primeira tela e entre lápis, tintas e pincéis descobri que a expressão, por meio da arte, era meu caminho.
Ao longo dos anos, mergulhei com dedicação e encantamento no estudo da arte, o que, naturalmente, tornou-me educadora e escritora nessa área.
Hoje compartilho, nesta coleção de arte, um pouco do meu olhar e da minha trajetória, unindo conhecimento, paixão e aprendizado."

Angela Anita Cantele

"Aprendi a gostar de arte e história desde pequena. Meu pai me contava histórias e mostrava figuras de arte e dizia que toda história tem arte e toda arte tem história. Lembro-me de quando ganhei um quadro e uma caixa de giz... Brincava de professora e queria ensinar, contar histórias e desenhar. Cresci, me formei em História da Arte e depois em História. É um caso de amor."

Bruna Renata Cantele

7º ANO

4ª edição
São Paulo
2025

IBEP

Coleção Arte e Habilidade
7º ano
Ensino Fundamental

Diretor-presidente Jorge Yunes
Diretora editorial Célia de Assis
Gerente editorial Erika Caldin
Editora de texto Adriane Gozzo
Assistentes editoriais Isabella Mouzinho, Stephanie Paparella
Revisão Yara Affonso, Bruna Jordão
Produção Editorial Elza Mizue Hata Fujihara
Analista de produção gráfica Marcelo Ribeiro
Pesquisa iconográfica Renata Garbellini
Projeto gráfico Aline Benitez
Imagem da capa e folha de rosto Kunstsammlung Nordrhein-Westfale/Wassily Kandinsky
Diagramação NPublic

Dados Internacionais de Catalogação na Publicação (CIP) de acordo com ISBD

C229a Cantele, Angela Anita
Arte e Habilidade / Angela Anita Cantele, Bruna Renata Cantele. - 4. ed. - São Paulo : IBEP - Instituto Brasileiro de Edições Pedagógicas, 2025.
il. ; 20,5 x 27,5cm. – (Arte e Habilidade 7º ano)

Inclui bibliografia.
ISBN: 978-65-5696-931-2 (aluno)
IISBN: 978-65-5696-932-9 (manual do professor)

1. Educação. 2. Ensino fundamental. 3. Livro didático. 4. Artes visuais. 5. Música. 6. Teatro. 7. Dança. I. Cantele, Bruna Renata. II. Série.

2025-1382 CDD 372.07
CDU 372.4

Elaborado por Vagner Rodolfo da Silva - CRB-8/9410

Índice para catálogo sistemático:
1. Educação - Ensino fundamental: Livro didático 372.07
2. Educação - Ensino fundamental: Livro didático 372.4

4ª edição – São Paulo – 2025

Impressão e acabamento - Leograf - Julho de 2025

Rua Gomes de Carvalho, 1306 – 11º andar
Vila Olímpia – São Paulo – SP
04547-005 – Brasil – Tel.: 0800-015-5966
editoraibep.com.br
atendimento@grupoibep.com.br

APRESENTAÇÃO

Bem-vindo à **coleção Arte e Habilidade**!

Nos nossos livros, você vai explorar diversas formas de arte, como artes visuais, dança, música, teatro, cinema e fotografia. Vamos mostrar a criatividade e o talento de muitos artistas que fazem parte do rico repertório cultural da humanidade.

Os livros estão organizados em temas específicos, cada um com atividades artísticas que você pode experimentar. Além de colocar a mão na massa, você vai conhecer vários artistas e momentos importantes da História da Arte.

Ao estudar Arte, esperamos que você faça novas conexões e consiga imaginar, observar, refletir e se expressar de várias maneiras no seu dia a dia. A ideia aqui não é formar pintores, músicos ou atores, mas ajudar você a desenvolver uma visão ampla do mundo e a encontrar formas criativas de se expressar.

A Arte é uma ótima forma de comunicação que conecta você, seus amigos, sua escola e sua família, promovendo trocas de ideias e experiências. Aqui é um espaço para incentivar a criatividade e a imaginação.

Venha descobrir o incrível mundo da Arte com a gente! Este livro foi feito com muito carinho e respeito por você.

As autoras
Angela e Bruna

SUMÁRIO

TEMA 1

A comunicação por meio da linguagem visual

Observe a imagem e leia a tirinha a seguir.

BillWatterson/Uclick/ConradEditora

Tirinha de história em quadrinhos (Calvin).

Gorodenkoff/Shutterstock

Telejornalismo.

ESB Professional/Shutterstock

Arquitetura. Fachada do Hotel Unique, São Paulo (SP).

Gorodenkoff/Shutterstock

Fotografia.

As imagens que nos cercam comunicam mensagens, seja na fotografia, nos telejornais, nas revistas, nas histórias em quadrinhos (HQs), na moda, no celular e nos computadores, nas obras de arte, nos objetos de *design*, no cinema, na arquitetura, nos espetáculos de teatro, na música e na dança.

- **Mas como acontece essa comunicação?**

O processo comunicativo

As diferentes formas de comunicação aparecem nos mais variados contextos e ambientes. Alguns espaços são adaptados à emissão específica de determinada mensagem. Nas ruas e nos ambientes virtuais, por exemplo, nos deparamos diariamente com mensagens de publicidade; nos museus, encontramos obras de arte.

Old Town Tourist/Shutterstock

Exposição de arte em museu de Viena, Áustria.

Alf Ribeiro/Shutterstock

Estamos cercados de imagens de publicidade, em especial nos espaços públicos.

Esse processo comunicativo é resultado de fatores da comunicação, que são: A: Emissor; B: Mensagem; C: Canal; D: Códigos; E: Destinatário.

Observe o esquema a seguir.

EMISSOR autor da mensagem → **MENSAGEM** o que se comunica → **CANAL** meio transmissor da mensagem → **CÓDIGO** sistema de sinais → **DESTINATÁRIO** aquele que recebe a mensagem

Veja um exemplo que explica esse processo.

Um artista, por exemplo, Van Gogh (o emissor), exprime seu mundo interior (a mensagem) em sua obra (o canal), por meio de pinceladas de cores fortes (o código), que transmitem emoções a quem vê (o destinatário).

EMISSOR

Gemeentemuseum den Haag, Netherlands

Autorretrato de Vincent van Gogh.

MENSAGEM

Van Gogh viveu muitos anos na cidade de Arles, no sul da França. Em suas caminhadas, encantou-se com a ponte de Langlois e com as cores do local. Viu na paisagem a possibilidade de explorar as cores de modo revolucionário para a época, colorindo a obra com intensidade cromática.

CANAL (obra)

Kröller-Müller Museum, Holanda

A ponte de Langlois em Arles com lavadeiras (1888), de Vincent van Gogh. Óleo sobre tela, 54 cm × 65 cm.

CÓDIGO

Kröller-Müller Museum, Holanda

Pinceladas firmes desenham o movimento da água.

DESTINATÁRIO

Vladimir Wrangel/Shutterstock

O observador.

Conhecendo Van Gogh

Gemeentemuseum den Haag, Netherlands

Vincent Willem van Gogh nasceu em 30 de março de 1853, em Groot Zundert, uma pequena aldeia holandesa. Filho do pastor Theodorus van Gogh e de Anna Cornélia Carbentus, iniciou a vida profissional aos 16 anos, como aprendiz, na empresa do tio negociador de arte, atividade à qual se dedicaria até 1876. Na sequência, começou a estudar teologia e a atuar como pastor. Só em 1880 passou a se dedicar totalmente à pintura. Conviveu com Anton Mauve, pintor realista holandês, que lhe ensinou a técnica da aquarela, e estudou na academia de Antuérpia, na Bélgica. Em 1886, foi para Paris, onde conviveu com artistas como Émile Bernard, Camille Pissarro, Paul Gauguin e Paul Cézanne.

Van Gogh é uma das figuras mais famosas e influentes da história da arte ocidental. Em sua pintura, trabalhou o claro-escuro, a luz e a sombra, em contrastes fortes. Sua característica marcante são as pinceladas fortes em cores vibrantes, em tons de azul, vermelho, amarelo e violeta. Para ele, as cores ajudavam a transmitir a mensagem das obras: o vermelho, a paixão; o laranja e o amarelo, o sol e o calor; o azul-escuro, os mistérios da noite; o verde, o desamparo. Embora tenha pintado apenas por nove anos, produziu mais de 700 obras, entretanto apenas uma foi comercializada enquanto vivia. Hoje, suas obras valem milhões de dólares e estão em vários museus do mundo. Na Holanda, sua terra natal, o Museu Van Gogh, inaugurado em 1973, conta com mais de 200 obras no acervo permanente.

Van Gogh morreu em 29 de julho de 1890, em Auvers, na França, após cometer suicídio, consequência da instabilidade emocional que sempre marcou sua vida.

LIGANDO COM

A IMPORTÂNCIA DA IMAGEM NA PUBLICIDADE E OS LOGOTIPOS

O termo "comunicação visual" está estreitamente relacionado à publicidade e ao *marketing*, pois essas são as duas áreas do mercado de trabalho que mais se utilizam dessa linguagem.

Por terem como meta divulgar mensagens e gerar o interesse das pessoas por algo, o profissional dessas áreas, o *designer* visual, procura várias maneiras de atingir seu público-alvo.

Exemplos de comunicação visual são os logotipos, os rótulos e a identidade visual de uma marca, aplicados em postagens em redes sociais, panfletos, *banners*, diagramação de *sites* e outros materiais corporativos.

Vamos conhecer um pouco sobre os logotipos.

Logotipo é um conjunto formado por duas ou mais letras fundidas em um único tipo, compondo uma sigla. Nele, pode haver também a presença de outro elemento gráfico, figurativo ou não. Essa peça do *design* gráfico identifica uma pessoa, um serviço ou uma marca.

Veja a curiosa história do logotipo da Nike, famosa marca de produtos esportivos.

O emblema da Nike é um dos logotipos mais icônicos e populares da história; é tão conhecido que a maioria dos anúncios da empresa omite o nome da marca e usa apenas o logotipo, muitas vezes ao lado do *slogan Just Do It* (Apenas faça).

Em 1971, Carolyn era estudante de *design* gráfico na Portland State University. Durante o curso, conheceu Phil Knight, professor-assistente, que estava criando uma nova companhia de tênis esportivos e precisava de um logo. (Essa empresa viria a ser a Nike.)

Phil pagou dois dólares por hora para Carolyn desenhar a marca de seu negócio. A jovem teve a ideia do Nike Swoosh, a marca de "checado" ou "correto", que indicava movimento e velocidade. Também parecia uma asa, que remetia a Nike, deusa grega da vitória.

Como Carolyn gastara apenas 17 horas e 30 minutos no projeto, recebeu 35 dólares.

Ainda demoraria alguns anos para que todos percebessem quanto aquele simples símbolo representaria para a história do *design* e do *marketing*.

Carolyn trabalhou com a Nike até 1975, quando decidiu ser *freelancer*, ou seja, trabalhar sem vínculo empregatício. Mais tarde, em 1983, sua contribuição essencial para a Nike foi reconhecida: ganhou uma festa surpresa em sua homenagem.

Por algum tempo, o símbolo da Nike ficou em um quadrado; contudo, em 1985, quando a empresa começou a apoiar atletas populares, como o ex-jogador de basquete Michael Jordan, o logotipo se modernizou.

O logotipo da Nike é um dos *designs* mais básicos. O símbolo *swoosh* simples o torna um sinal de negócios memorável. A empresa se apoia fortemente nesse símbolo para divulgar a identidade de sua marca.

Maurizio Bersanelli/Shutterstock

8th.creator/Shutterstock

Nike Air Jordan.

Leia, assista, ouça, acesse, visite!

Filme

AIR: a história por trás do logo (Dir. Ben Affleck, 2023, 112 min.)
O filme conta a história real de Sonny Vaccaro, chefe da marca esportiva Nike, interpretado por Matt Damon, e de Phil Knight, fundador da Nike, interpretado por Ben Affleck. Ambos desejam tornar a marca famosa e, para isso, tentam que o então astro do basquete, Michael Jordan, endosse seus produtos, tudo ainda na década de 1980.

FICHA

Na pasta que acompanha este livro, você encontra as fichas para desenvolver as atividades propostas.

• FICHA 1

A imagem e a comunicação por meio da linguagem visual

ATIVIDADE: Observe o título e a obra de arte da ficha. Responda: Quem é o emissor da imagem? Explique com as próprias palavras qual é o código usado pelo artista. Complete a ficha escrevendo uma pequena biografia do EMISSOR.

MATERIAL: lápis grafite ou caneta esferográfica.

• FICHA 2

Reconhecendo e criando um logotipo

ATIVIDADE: Na ficha, há alguns logotipos de redes sociais. Identifique cada um deles, escrevendo abaixo do logo qual rede social representa. No espaço quadriculado ao lado, crie um logotipo para a rede social "Amigos do 7º ano", sua turma deste ano na escola. Você pode utilizar letras e símbolos.

MATERIAL: lápis grafite, borracha, lápis de cor e caneta hidrocor.

TEMA 2

Conhecendo alguns elementos da linguagem visual

Observe a imagem da obra de arte a seguir.

Kunstsammlung Nordrhein-Westfale

No azul (1925), de Wassily Kandinsky. Óleo sobre tela, 80 cm × 110 cm.

A obra de Kandinsky é uma pintura abstrata. Ao realizá-la, o artista utilizou vários elementos da linguagem visual: linhas, sinais, cores, composições, volume e luz e sombra.

Conhecendo Wassily Kandinsky

ADOLF ELNAIN/Georges Meguerditchian - Centre Pompidou, MNAM-CCI /Dist. RMN-GP/WIKIMWDIA COMMONS

Wassily Kandinsky nasceu em Moscou, na Rússia, em 1866, e morreu na França, em 1944. Diplomou-se em Direito e Economia. Na sequência, em 1896, influenciado por uma exposição sobre impressionismo que vira em Moscou, iniciou os estudos de pintura em Munique, Alemanha. Teve influência do pontilhismo e do fauvismo no início da carreira; só vinte anos mais tarde passaria a introduzir figuras geométricas em suas composições.

Fauvismo ou fovismo (do francês *fauvisme*, oriundo de *les fauves*, "as feras", como foram chamados os pintores não seguidores do cânone impressionista, vigente à época): corrente artística do início do século XX que se desenvolveu entre 1905 e 1907.

Elementos da linguagem visual

Entre alguns elementos da linguagem visual, podemos citar a linha, a forma, a cor, a textura, o espaço e o tamanho.

A **linha** pode ser reta, curva, sinuosa, fina ou grossa. É usada para definir formas, criar texturas, indicar direção, criar movimento, entre outras coisas, em uma composição.

Nesta obra de Paul Klee, observe as linhas como principal elemento da composição.

Kunstsammlung Nordrhein-Westfalen, Düsseldorf, Germany

Colete vermelho (1938), de Paul Klee. Óleo sobre tela, 65 cm × 42,5 cm.

Conhecendo Paul Klee

Alexander Eliasberg (1878–1924), Public domain, via Wikimedia Commons

Paul Klee nasceu em Münchenbuchsee, cidade próxima a Berna, na Suíça, em 18 de dezembro de 1879. Aos 7 anos, começou a aprender violino e, aos 11, passou a fazer parte da Sociedade de Música de Berna. Nessa mesma época, já demonstrava interesse pela pintura e pelo desenho. Em 1888, frequentou o ateliê do artista Heinrich Knirr, onde aprendeu desenho figurativo. Em 1900, ingressou na Academia de Munique e teve contato com o estilo *art noveau*. Em 1901, foi estudar na Itália e se encantou com a arte renascentista. Em 1905, foi para Paris, onde teve contato com a arte impressionista e desenvolveu inúmeros trabalhos inspirados nas composições de artistas como Van Gogh, Cézanne e Matisse. Alguns anos depois, em 1914, começou a pintar as primeiras obras abstratas. Conquistou fama em 1921 e tornou-se professor da Bauhaus, importante escola de arte e arquitetura alemã. Em 1930, com o fechamento da Bauhaus, foi convidado a lecionar na Academia de Düsseldorf. Em 1933, por causa do nazismo na Alemanha, foi para a Suíça. Em 1935, foi diagnosticado com uma doença degenerativa, a qual teve muita influência sobre suas últimas composições. Morreu em 29 de junho de 1940, em Muralto, na Suíça.

A **forma** é a estrutura ou o contorno de um objeto ou de uma figura.

Nesta obra de Joan Miró, podemos ver formas bem interessantes!

Personagem e pássaros em frente ao sol (1976/1977), de Joan Miró. Óleo sobre tela, 146 × 97 cm.

Conhecendo Joan Miró

Joan Miró nasceu em 20 de abril de 1893, em Barcelona, Espanha. Ele foi um pintor, gravador, escultor e ceramista. Começou a pintar aos 15 anos e admirava a arte catalã. Quando jovem, frequentou a Reial Acadèmia Catalana de Belles Arts de Sant Jordi da capital catalã e a Academia de Gali. Em 1918 realizou sua primeira exposição em Barcelona. No ano seguinte, após completar os estudos, esteve em Paris, onde conheceu Pablo Picasso e entrou em contato com as tendências modernistas que o influenciaram para adquirir um estilo próprio e inconfundível. Morreu em 25 de dezembro de 1983, em Palma de Maiorca, Espanha.

A **cor** é um dos elementos mais explorados nas artes visuais. É uma propriedade da luz percebida pelo olho humano. É usada para transmitir a sensação de frio ou de calor e até expressar emoções.

As pinturas do artista muralista Kobra são trabalhadas com muita cor.

mirigifford/Shutterstock

Genial é andar de bike (2015-2018), de Eduardo Kobra. Mural, *spray* sobre parede. Nova York, EUA.

A **textura** é a qualidade da superfície de um objeto ou de uma figura. Aplica-se às superfícies das pinturas e das esculturas. As texturas podem ser ásperas, lisas, granuladas, rugosas.

Observe a textura nesta obra de Vincent van Gogh.

Museu de Arte Moderna, Nova York

A noite estrelada (1889), de Vincent van Gogh. Óleo sobre tela, 73,7 cm × 92,1 cm.

O **espaço** é a dimensão na qual os objetos e as formas estão inseridos. Pode ser bidimensional, como uma tela ou uma folha de papel, ou tridimensional, como uma escultura.

Observe a escultura do artista britânico Henry Moore.

Escultura em bronze de Henry Moore, em Hertfordshire, Inglaterra.

Debbie Firkins/Shutterstock

O **tamanho** é a proporção de um objeto em relação a outros elementos de uma mesma cena.

Veja a escultura de Ron Mueck, artista australiano.

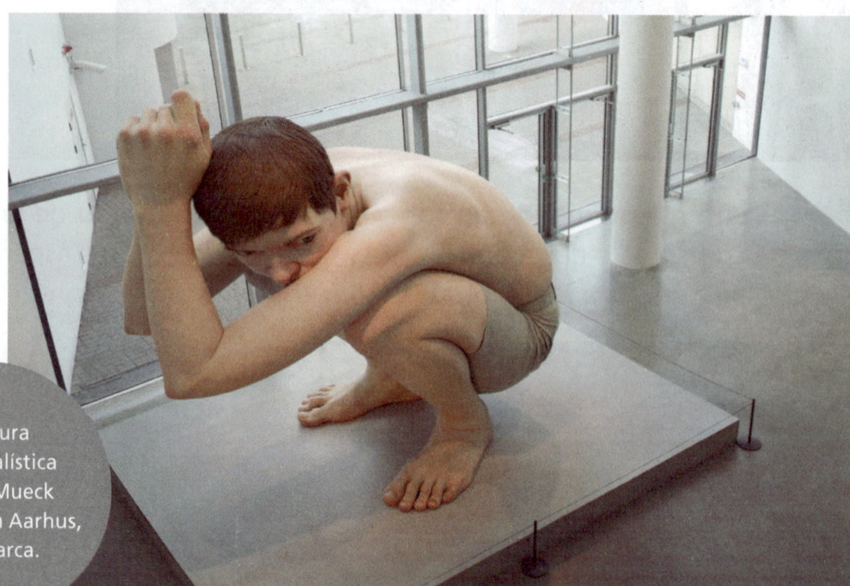

Escultura hiper-realística de Ron Mueck exposta em Aarhus, Dinamarca.

Lisaveya/Shutterstock

A linha

No volume do 6º ano, estudamos o ponto. Agora, vamos estudar um pouco a linha e as cores como elementos das artes visuais.

A linha é um perfil que define contornos, nos quais podemos reconhecer as formas dos objetos. Podemos usá-la para expressar um gesto ou representar uma figura. A linha pode se apresentar em vários formatos: reta, curva, zigue-zague, espiralada etc.

Dependendo do material usado (lápis, caneta hidrocor, *mouse*, pincel etc.) e da pressão manual para traçá-la, ela se mostra de diferentes formas. Observe as imagens a seguir.

Acervo das autoras

O que você vê? Abajur, sofá, tapete, mesa, manta. O tapete tem contorno reto; o sofá tem contorno curvo. O preenchimento do espaço se desenvolve livremente. São as linhas que definem o contorno desses objetos.

Ground Picture/Shutterstock

Editoria de arte

A linha em obras de arte

A linha no desenho pode ser utilizada para configurar a forma dos objetos ou mostrar sensações, como o balançar das ondas, o som de uma melodia ou até o voo de uma borboleta.

A linha no desenho figurativo

Neste desenho figurativo de Henri Matisse, o lápis que corre com segurança no papel descreve com fluidez o perfil da elegante senhora: o rosto, os cachos dos cabelos, os braços, a mão. Não há sombras, mas a linha, mesmo fina e uniforme, consegue definir o desenho.

A linha pode delimitar formas precisas. Com alguns traços, podemos criar uma imagem que permite que nossos olhos compreendam imediatamente o que é e depois a reconheçam pela memória, que funciona como um grande arquivo.

The Metropolitan Museum of Art

Jovem senhora deitada sobre os braços (1929), de Henri Matisse. Lápis sobre papel, 28,5 cm × 37,8 cm.

Conhecendo Henri Matisse

Alvin Langdon Coburn

O pintor francês Henri Matisse nasceu em 1869 e morreu em 1954. Estudou em Paris e começou a desenhar e a pintar em 1890, sob a influência do Impressionismo e do Neoimpressionismo. Das cores vivas, passou para o desenho simples de formas modeladas. Sua arte era expressiva, e Matisse nunca perdeu de vista seus valores pictóricos e artísticos. Seu caminho por tecidos e cerâmicas orientais reflete os pormenores decorativos e o caráter exótico de suas odaliscas, produzidas entre 1920 e 1925.

Impressionismo: movimento pictórico de vanguarda dos fins do século XIX. Procura sintetizar em uma só impressão sensível efeitos simultâneos de luz, espaço e cor. O nome foi sugerido pelo crítico Leroy, em 1874, em função do quadro do artista Claude Monet, *Impression, Soleil Levant*.

Neoimpressionismo: pintura que surgiu em fins do século XIX, também conhecida como pontilhismo ou divisionismo. Em vez de misturar tintas na paleta, o artista aplicava cores puras em pequenos pontos ou manchas que, vistas a distância, produziam efeito de áreas de cor mais sutis, mais ricas do que era possível conseguir por meio de técnicas convencionais.

Pictórico: relativo à pintura, próprio da pintura.

A linha no desenho abstrato

Observe a obra *Ilustração 3*, de Wassily Kandinsky. Ele a criou com base em segmentos diagonais retilíneos, que apresentam as características expressivas da linha. Em seu desenho, a linha ondulada, que se desenrola como um doce som, é cortada por segmentos diagonais diretos, que a tornam mais ágil.

O livro *Ponto e linha sobre plano*, de 1926, no qual *Ilustração 3* aparece, embora sugira um trabalho técnico, é, na realidade, a expressão mais articulada, madura e surpreendente da linha na arte abstrata.

Tecnicodiseno2008/Kandinsky

Ilustração 3, de Wassily Kandinsky, do livro *Ponto e linha sobre plano*, 1926.

A linha na pintura

Em uma pintura, a linha nem sempre é evidente. Às vezes, prevalece o sinal das pinceladas, o efeito da sombra e do volume. Isso se nota quando delimitamos a superfície plana com contornos irregulares ou geométricos (um quadrado, um círculo) ou, ao unirmos as cores, forma-se uma linha evidente.

Na obra *A primavera*, de Botticelli, a linha apresenta a flexibilidade, a graça e a suavidade impalpável dos tecidos que vestem os corpos, com andamento rítmico. A linha no personagem desce do cabelo e desenha o contorno, respeitando os volumes curvos, criados pelo contraste de claro e escuro (forma e fundo).

Uffizi Gallery, Florença

A primavera (1478), de Sandro Botticelli (detalhe). Óleo sobre tela, 203 cm × 314 cm.

Conhecendo Sandro Botticelli

Sandro Botticelli, Public domain, via Wikimedia Commons

Alessandro di Mariano di Vanni Filipepi, mais conhecido por Botticelli, nasceu em 1445. O pintor italiano, renascentista, dá vida à sua criatividade e à sua fantasia realizando obras de fundo profano e mitológico. Criou quadros vibrantes e inovadores. Trabalhou linhas sinuosas, movendo corpos e vestes, pintando folhas, flores e arbustos. Seus mais célebres trabalhos são *A primavera* e *Nascimento da Vênus*, além de outras alegorias. Pintou afrescos na Capela Sistina, em Roma, e pouco se sabe sobre sua vida. Botticelli morreu em 1510, pobre e esquecido. Muitos de seus quadros foram queimados publicamente por serem considerados profanos pela Igreja.

A linha na escultura e no *design*

Tempo Composto

Diálogo (1978), de Franz Weissmann. Chapas de aço. Praça da Sé, São Paulo.

As esculturas e os objetos de *design* apresentam formas tridimensionais, ou seja, altura, largura e profundidade. Podem ser analisados de vários pontos de vista. A linha constitui o perfil das formas e determina a direção de uma escultura (a verticalidade, o senso dos movimentos etc.). Na escultura apresentada ao lado, de Franz Weissmann, os ângulos formados por linhas retas, que convergem para o centro, dão dinamismo à obra, criando uma certa curiosidade no expectador.

Conhecendo Franz Weissmann

Domínio público/ Acervo Arquivo Nacional

Franz Weissmann nasceu em 1911, na Áustria. Foi escultor, desenhista, pintor e professor. Em 1921 sua família veio morar no Brasil. Entre 1939 e 1941, frequentou cursos de arquitetura, escultura, desenho e pintura na Escola Nacional de Belas Artes, no Rio de Janeiro. Em 1945, estabelece-se em Belo Horizonte onde passa a trabalhar em seu ateliê e a lecionar escultura na então Escola do Parque.

A partir da década de 1950, direciona suas obras para o abstracionismo, com esculturas criadas a partir de dobras e recortes feitos em chapas metálicas. Seus trabalhos estão em vários locais públicos no Brasil. Weissmann faleceu em 2005, no Rio de Janeiro.

Vaso em vidro soprado, de Ettore Sottsass, de 49 cm de altura.

O vaso de vidro é um objeto atraente, desenhado com linhas coloridas, ondulações e zigue-zague que modelam a obra.

Conhecendo Ettore Sottsass

Ettore Sottsass nasceu em Innsbruck, na Áustria, em 1917, e morreu em Milão, na Itália, em 2007. Filho de pai italiano e mãe austríaca, Ettore era arquiteto, formado pela Universidade Politécnica de Turim. Dedicou-se ao *design* de objetos, criando produtos inovadores e esteticamente atraentes. Foi *designer* de uma importante empresa italiana de máquinas de escrever e calculadoras. Influenciou vários outros *designers* durante as décadas de 1970-1980.

LIGANDO COM

DESIGNER, UMA PROFISSÃO CRIATIVA

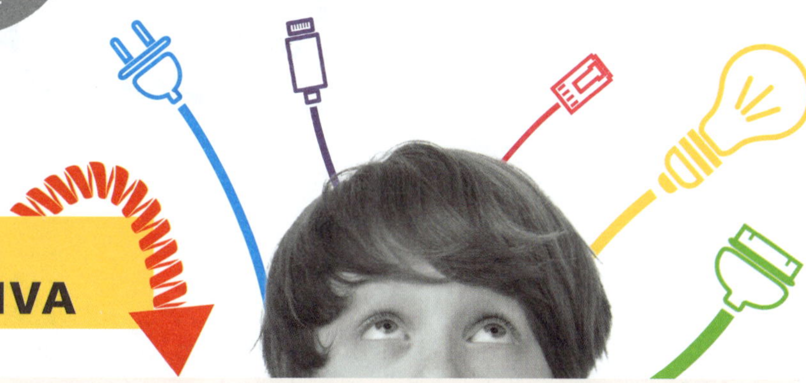

Denomina-se *design*, ou desenho industrial, qualquer processo técnico criativo relacionado à configuração, à concepção, à elaboração e à especificação de um produto, que pode ser desde uma caneta até um avião.

Essa é uma atividade técnica, mas criativa, normalmente orientada para um objetivo ou para a solução de um problema.

Os profissionais do *design* geralmente se especializam em projetos de determinado tipo de produto. Hoje, as especializações mais comuns são *design* de produto, *design* visual, *design* de moda, *design* de *games*, *design* gráfico, *design* de livros, *design* de fotografia, *design* de ilustração, *design* de publicidade, *design* de arquitetura e urbanismo, *design* de transportes, *design* de embalagens, *design* de joias, *design* de mobiliário, *web design*, *design* de interiores. O profissional que trabalha na área de *design* é chamado *designer*, palavra em inglês que designa esse profissional que trabalha com projetos visuais e de objetos voltados à indústria, à comunicação, à decoração e a outras áreas.

Na pasta que acompanha este livro, você encontra as fichas para desenvolver as atividades propostas.

• FICHA 3

A linha na composição – Wassily Kandinsky

ATIVIDADE: Usando como referência a obra de Kandinsky que está no livro, desenhe algumas linhas com lápis grafite, criando uma composição de linhas. Procure usar tipos diferentes de linha (reta, curva, ondulada, quebrada, mista). Depois de pronta e definida a composição, passe caneta hidrocor preta sobre as linhas. Em seguida, comece a colorir com giz de cera e/ou lápis de cor. Observe o passo a passo e crie sua obra de arte.

MATERIAL: lápis grafite, borracha, caneta hidrocor preta, giz de cera e/ou lápis de cor.

Acervo das autoras

• FICHA 4

Desenhando com linhas

ATIVIDADE: Na ficha, há dois espaços. No primeiro, veja o passo a passo e desenhe três folhas; a seguir, preencha-as com linhas retas e paralelas, bem próximas umas das outras. Depois, desenhe mais algumas folhas e preencha-as. Por fim, desenhe mais algumas folhas nos espaços que achar interessante para compor seu trabalho e preencha-as. No espaço ao lado, use a criatividade para criar uma composição usando apenas linhas. Você pode usar tipos diferentes de linha, como curva, ondulada, sinuosa, quebrada ou mista.

MATERIAL: caneta hidrocor.

Acervo das autoras

TEMA 3

A natureza e a estrutura da cor

Observe as cores da imagem a seguir.

LuckStep/Shutterstock

A cor está presente nos elementos da natureza e pode ser vista em diferentes tonalidades.

A percepção da cor tem origem na luz branca do Sol, que atinge a superfície dos objetos. Os objetos, por sua vez, têm a propriedade de refletir a totalidade ou parte da luz que recebem. A luz refletida é que determina a cor que enxergamos nos objetos.

- Pegue um objeto que está sobre sua carteira. De olhos fechados, manuseie-o. Você pode sentir a textura dele, perceber o tamanho, mas não pode ver a cor, porque, de olhos fechados, não se vê a luz, que é o que dá cor aos objetos.

A estrutura da cor

O físico inglês Isaac Newton estudou a influência da luz do Sol na formação das cores e o fenômeno da refração, que consiste na decomposição da luz solar em várias cores ao atravessar um prisma de vidro – ele denominou **espectro** esse conjunto de cores.

O espectro é formado das cores vermelha, laranja, amarela, verde, azul, anil e violeta – são as sete cores que compõem a luz do Sol e vemos na formação do arco-íris.

Optimarc/Shutterstock

Fenômeno da refração da luz em prisma de vidro.

Muratart/Shutterstock

Arco-íris.

Um dos estudiosos das cores foi Johannes Itten, que, no século XIX, propôs a classificação das cores em um círculo cromático. No centro do círculo, há um triângulo formado das três cores chamadas primárias; ao redor, um hexágono com as três cores secundárias; e, no círculo que os envolve, há as cores terciárias, associadas às primárias e às secundárias, totalizando 12 cores.

Shutterstock/editoria de arte

Círculo cromático de Itten.

Cores primárias

Cores secundárias

Cores terciárias

Shutterstock/editoria de arte

As **cores primárias** são aquelas que, combinadas, dão origem a outras cores.

- Amarelo
- Azul
- Vermelho

As **cores secundárias** são formadas da união de duas cores primárias.

- amarelo + azul → verde
- vermelho + amarelo → laranja
- azul + vermelho → roxo (violeta)

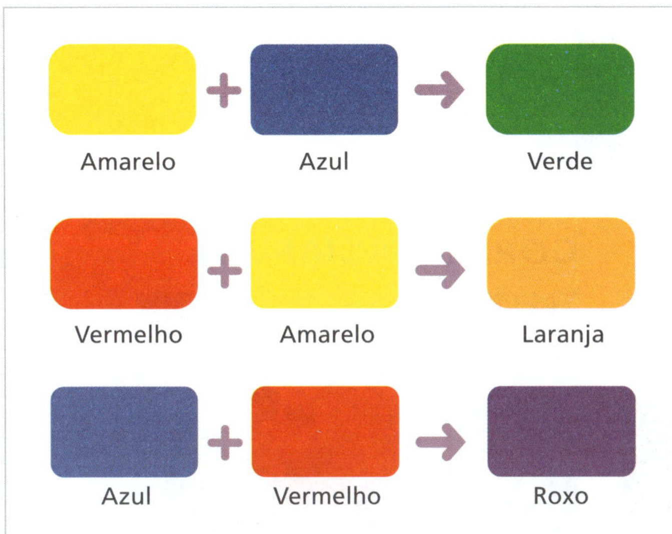

Shutterstock/KikoStock

As **cores terciárias** são formadas da união de uma cor primária e uma secundária.

- amarelo + verde → amarelo-esverdeado
- amarelo + laranja → amarelo-alaranjado
- vermelho + laranja → vermelho-alaranjado
- vermelho + roxo → vermelho-arroxeado
- azul + roxo → azul-arroxeado
- azul + verde → azul-esverdeado

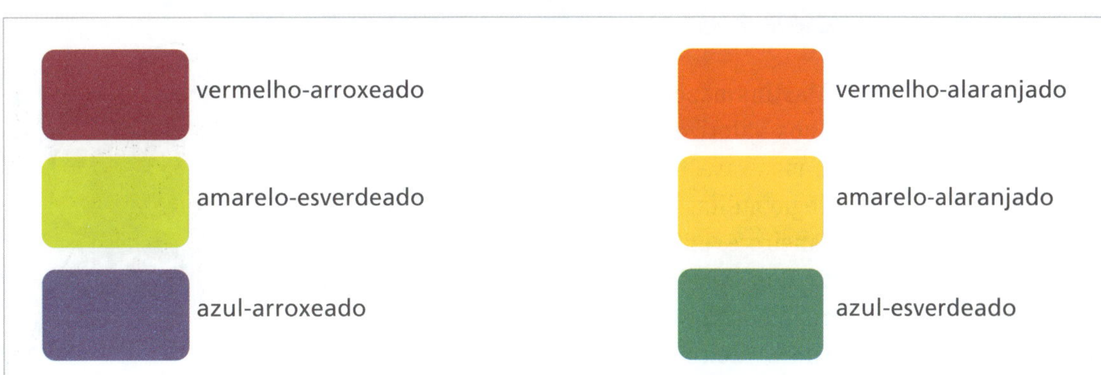

As cores primárias, secundárias e terciárias podem ser encontradas nas obras de arte de Aldemir Martins. Observe as imagens a seguir.

CORES PRIMÁRIAS

Estúdio Aldemir Martins

Os gatos (2003), de Aldemir Martins. Tinta acrílica sobre tela, 60 cm × 80 cm.

CORES SECUNDÁRIAS

Estúdio Aldemir Martins

Paisagem (1994), de Aldemir Martins. Tinta acrílica sobre tela, 46 cm × 55 cm.

CORES TERCIÁRIAS

Estúdio Aldemir Martins

Caneca de flores (1991), de Aldemir Martins. Tinta acrílica sobre tela, 56 cm × 46 cm.

Conhecendo Aldemir Martins

O artista plástico Aldemir Martins nasceu em Aurora, no Ceará, em 8 de novembro de 1922. Seus trabalhos valorizam temáticas brasileiras, incluindo flores e animais. Desde criança, mostrava talento para a arte. Aos 11 anos, já era orientador de desenho do colégio militar no qual estudava, em Fortaleza. Em 1945, mudou-se para o Rio de Janeiro e, em 1946, para São Paulo. Entre 1959 e 1961, viveu na Itália. Seus trabalhos são inconfundíveis pelos traços fortes e pelas cores vibrantes. Aldemir trabalhou por toda a vida, levando a arte brasileira para outros países. Morreu em 6 de fevereiro de 2006, aos 83 anos, em São Paulo.

FUNDO CORREIO DA MANHÃ/ DOMÍNIO PÚBLICO/ACERVO ARQUIVO NACIONAL

LIGANDO COM

A COR E OS PIGMENTOS

Pigmentos são substâncias usadas para dar cor. Em estado seco, são, em geral, um pó fino. São usados na composição de giz de cera, tintas a óleo, acrílica, aquarela e guache, entre outras. Os pigmentos são misturados a um aglutinante, que pode ser à base de óleo, água ou cera. O aglutinante tem a função de unir todos os elementos da mistura, formando tinta, guache ou giz.

EnricoRubicondo/Shutterstock

O uso de pigmentos pelo ser humano começou há 30 mil anos, nas cavernas pré-históricas. Não eram como os materiais de hoje, mas sim pigmentos extraídos da natureza, como o ocre de terra, as argilas vermelhas e amarelas, o óxido de ferro, o giz e o carvão. Eram triturados até se obter um pó, o qual, depois, era misturado a outros ingredientes. Mas, obviamente, não havia a gama de cores que existe hoje.

Um dos pigmentos mais caros que já existiu foi o azul-ultramar, produzido com base na pedra semipreciosa lápis-lazúli. Foi usado por vários pintores para colorir suas obras com um azul brilhante. Apenas no século XIX foi que se conseguiu fazer um pigmento sintético que substituiu o pigmento extraído da pedra.

Outro pigmento bastante utilizado a partir do século XVI foi o vermelho extraído da casca da árvore pau-brasil, primeira exploração de riqueza do Brasil pelos colonizadores portugueses. Aliás, no Brasil colonial, há registros do uso na pintura corporal dos indígenas com corantes vermelhos e pretos extraídos das sementes de urucum e do fruto do jenipapo, respectivamente. Quando se trata de pigmentos, as cores primárias são o magenta, o azul (ciano) e o amarelo.

Observe alguns exemplos de como podem ser combinados os pigmentos (tintas).

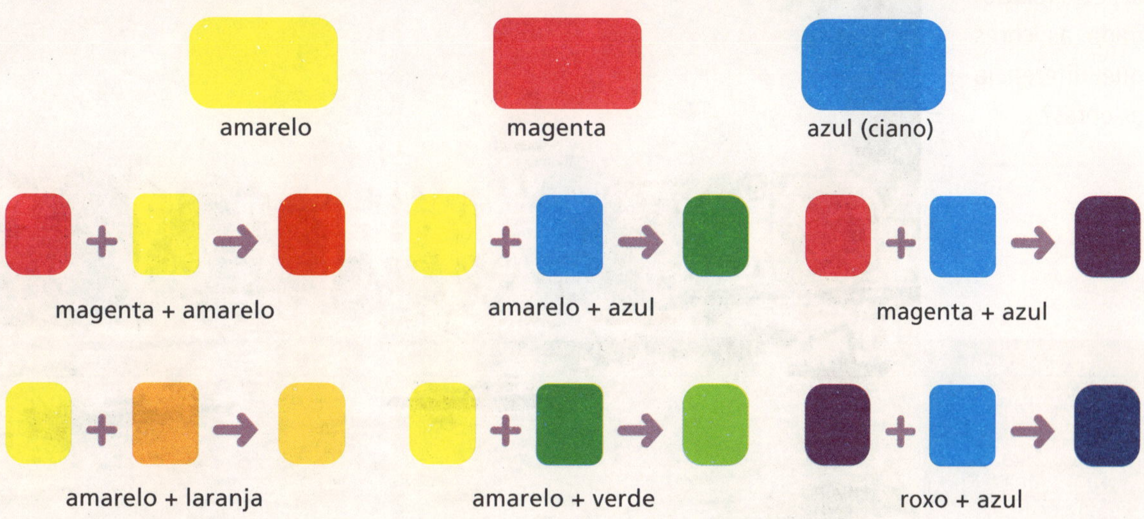

Policromia e monocromia

Observe as imagens a seguir, especialmente as cores usadas pelos artistas para a composição das pinturas.

Fundação Inimá de Paula

Paisagem BH (1980), de Inimá de Paula. Óleo sobre tela, 50 cm × 40 cm.

Instituto de Arte de Chicago, EUA

- Você nota algum aspecto relacionado às cores que diferencia as obras?

O Sena com o Instituto da França (1870), de Alfred Sisley. Óleo sobre tela, 53,34 cm × 60,96 cm.

A obra *Paisagem BH* (1980), de Inimá de Paula, é uma obra que mostra uma pintura com policromia. Já *O Sena com o Instituto da França* (1870), de Alfred Sisley, é um exemplo de obra com monocromia.

Conhecendo Inimá de Paula

Acervo fotográfico da Coleção Memória da ALMG

Inimá José de Paula nasceu em 7 de dezembro de 1918, em Itanhomi, cidade no interior de Minas Gerais, e faleceu em 13 de agosto de 1999, em Belo Horizonte. Sua formação teve início em 1937, em Juiz de Fora. Em 1940, mudou-se para o Rio de Janeiro, para estudar no Liceu de Artes e Ofícios. Em 1944, mudou-se para Fortaleza e fundou, com outros artistas, a Sociedade Cearense de Artes Plásticas (SCAP). Em 1945, voltou ao Rio de Janeiro e expôs trabalhos com Aldemir Martins, Antonio Bandeira e Jean-Pierre Chabloz. Na década de 1950, ganhou prêmios no Salão Nacional de Belas Artes e no Salão Nacional de Arte Moderna. Deu seguimento aos estudos em Paris, entre 1954 e 1956. Na década de 1960, mudou-se em definitivo para Belo Horizonte. Um ano antes de morrer, criou a Fundação Inimá de Paula para cuidar de sua obra. Em abril de 2008, a Fundação, em parceria com o governo de Minas Gerais, criou o Museu Inimá de Paula, em Belo Horizonte.

As pinturas de Inimá são marcadas por cores fortes e vibrantes. Seus temas preferidos eram as paisagens, em especial as urbanas.

Conhecendo Alfred Sisley

Pierre-Auguste Renoir, Public domain, via Wikimedia Commons

Alfred Sisley nasceu em 30 de outubro de 1839, em Paris, na França. Quando jovem, mudou-se com a família para Londres, onde, a princípio, iniciou carreira na área empresarial. Em 1862, decidiu voltar a Paris para estudar arte na École des Beaux-Arts e logo ingressou no estúdio de Charles Gleyre, onde conheceu outros pintores, como Monet e Renoir.

Em suas obras, Sisley costumava usar cores suaves e tonalidades sutis, que transmitiam sensação de tranquilidade. Suas pinturas são marcadas pela leveza, com ênfase no céu e em efeitos climáticos sobre as paisagens, principalmente francesas e inglesas. Como muitos artistas impressionistas, frequentemente pintava ao ar livre para capturar diretamente os efeitos de luz. Faleceu em 29 de janeiro de 1899, em Moret-sur-Loing, na França.

Policromia

Policromia é o uso de várias cores no mesmo trabalho.

POLI + CROMA = MUITAS CORES.

Contraste

O contraste é a oposição entre duas cores. No círculo cromático, as cores que apresentam mais contraste entre si são as complementares. Elas estão localizadas nas extremidades opostas às cores primárias.

- vermelho e verde
- azul e laranja
- amarelo e roxo

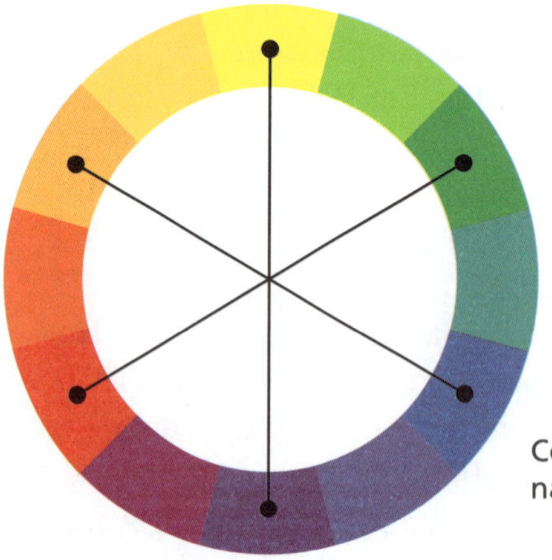

Editoria de arte

Cores complementares na escala cromática.

Observe o contraste entre as cores na obra policromática de Georgina de Albuquerque.

Acervo Itaú Cultural

O tropeiro: tropeiros (s/d), de Georgina de Albuquerque. Óleo sobre madeira, 28 cm × 32 cm.

As obras de arte nos chamam a atenção especialmente pelas cores. A policromia dá a elas um rico colorido.

Veja mais duas obras pintadas em policromia.

Composition on the word "vie" (1950), de Auguste Herbin. Óleo sobre tela, 145,8 cm × 97,1 cm.

Carnaval em Madureira (1924), de Tarsila do Amaral. Óleo sobre tela, 76 cm × 63 cm.

Monocromia

A monocromia resulta da utilização de diferentes matizes de uma mesma cor.

> Matiz: gradação de uma cor ou cores; nuance.

MONO = UMA + CROMO = COR

É possível obter a monocromia de qualquer cor acrescentando a ela o branco ou o preto. Obtêm-se, assim, muitos matizes diferentes de uma mesma cor.

Quando acrescentamos a uma cor um pouco de branco ou de preto, depois mais um pouco, e assim sucessivamente, estamos fazendo a escala cromática dessa cor.

No exemplo a seguir, a cor usada foi o vermelho.

Veja quantas tonalidades podemos obter de uma só cor – isso é monocromia. Muitos artistas usaram a **monocromia** para pintar suas obras.

Shutterstock/Editoria de arte

Observe o estudo de Edgar Degas para a obra *Ensaio de balé no palco*, encontrada após sua morte. A obra tem aparência monocromática alaranjada, a qual se deve, possivelmente, ao tratamento químico e ao banho intensificador de um verniz protetor.

Museu D'Orsay, Paris

Ensaio de balé no palco (1874), de Edgar Degas. Óleo sobre tela, 75 cm × 81 cm.

Observe na obra de Vicente do Rego Monteiro a predominância de tons amarelados e terrosos, criando um ar religioso, celestial.

Acervo do Museu Nacional de Belas Artes, RJ

As religiosas (1969), de Vicente do Rego Monteiro. Óleo sobre Eucatex, 68 cm × 79,1 cm.

LIGANDO COM

AS CORES TRANSMITEM EMOÇÕES

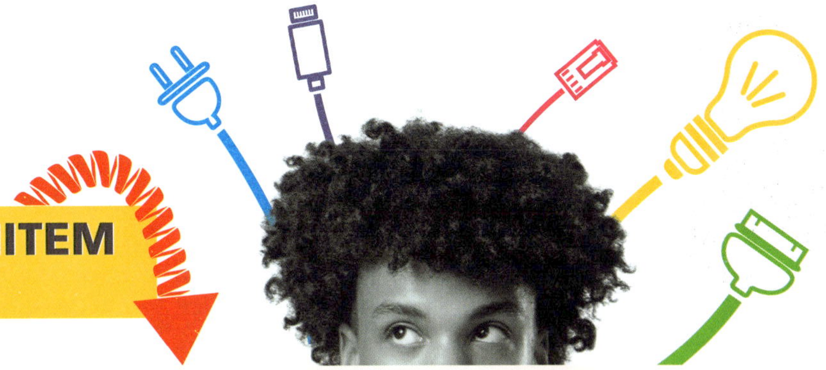

As cores são capazes de transmitir emoções e sensações diversas.

O vermelho é a cor preferida de muitas pessoas e transmite luminosidade, força, vitalidade, energia, paixão e movimento.

O amarelo é uma cor forte e vibrante e transmite alegria, estimula o raciocínio, a audição e o olhar. Harmonicamente, é usado para despertar o apetite (aparelho digestório) e a criatividade.

O azul é uma cor que transmite calma, serenidade, clareza, espiritualidade, profundidade e certa sensação de frio. Quartos pintados de azul transmitem calma para quem é muito agitado.

O verde transmite equilíbrio, harmonia e serenidade. Causa sensação de frescor e tranquilidade, transmite força equilibrada, acalma o sistema nervoso e traz confiança e segurança.

O laranja estimula e promove a alegria, lembra sabores agradáveis, sugere estabilidade. Estimula a criatividade e a comunicação, fortalece a energia física e combate o desânimo.

O roxo tem efeito calmante e traz tranquilidade e paz. Na pintura, é usado para transmitir a sensação de distância.

O preto é o oposto da luz e faz contraste com o branco.

O branco é uma cor neutra que nos dá a ideia de limpeza, amplitude.

Editoria de arte/Shutterstock

Leia, assista, ouça, acesse, visite!

Leia

A ciência das cores. Disponível em: https://www.invivo.fiocruz.br/cienciaetecnologia/a-ciencia-das-cores/. Acesso em: 18 fev. 2025.

Assista

Como enxergamos as cores?, da Academia de cientistas. Disponível em: https://www.youtube.com/watch?v=EZVOBIWbpDE. Acesso em: 5 dez. 2024.

FICHA

Na pasta que acompanha este livro, você encontra as fichas para desenvolver as atividades propostas.

• FICHA 5

Círculo cromático – pintura

ATIVIDADE: Na ficha, há a figura do círculo cromático de Itten. Pinte-a com lápis de cor. Comece o trabalho pelo triângulo central, com as cores primárias; a seguir, pinte as cores secundárias nos espaços do hexágono e termine pintando com as cores terciárias os espaços em volta do círculo.

MATERIAL: lápis de cor.

• FICHA 6

Cores primárias, cores secundárias e cores terciárias – pintura

ATIVIDADE: Na ficha, há três desenhos iguais que devem ser coloridos. No primeiro, use apenas as três cores primárias; no segundo, somente as três cores secundárias; e, no terceiro, as seis cores terciárias. Como referência de uso das cores, observe o círculo cromático que consta no livro.

MATERIAL: lápis de cor.

• FICHA 7

Pintando com policromia – pintura com tinta guache

ATIVIDADE: Observe o desenho da ficha. Veja que ele tem muitos espaços e, como estamos trabalhando a policromia, você deve usar muitas cores. Leia no fim do livro a técnica de pintura com tinta guache. Separe e prepare o material que vai utilizar. Não se esqueça de forrar a carteira. Pinte com capricho, sem pressa, para que o trabalho fique bem-feito.

MATERIAL: tinta guache de cores variadas, pincéis redondos de pelo macio nº 12 e nº 14, bandeja de isopor, pano para limpeza e recipiente para água.

• FICHA 8

Pintando com a escala cromática – pintura com tinta guache

ATIVIDADE: Escolha uma cor de tinta guache, mais o branco e o preto. Observe o modelo. Nele, foi usado o magenta com branco e com preto.

Do centro da figura para fora, faça a pintura usando uma escala monocromática da cor escolhida. Comece com o branco e, na sequência, vá acrescentando um pouquinho da cor que escolheu, e assim sucessivamente, até o fim da composição. Depois de seca, pinte de preto a silhueta da árvore. Compare seu trabalho com os dos colegas que pintaram com outras cores.

Atenção: observe que um pouco de tinta colorida no branco já muda a tonalidade, então acrescente a cor aos poucos!

MATERIAL: tinta guache de cores variadas, pincéis redondos de pelo macio nº 12 e nº 14, bandeja de isopor, pano para limpeza e recipiente para água.

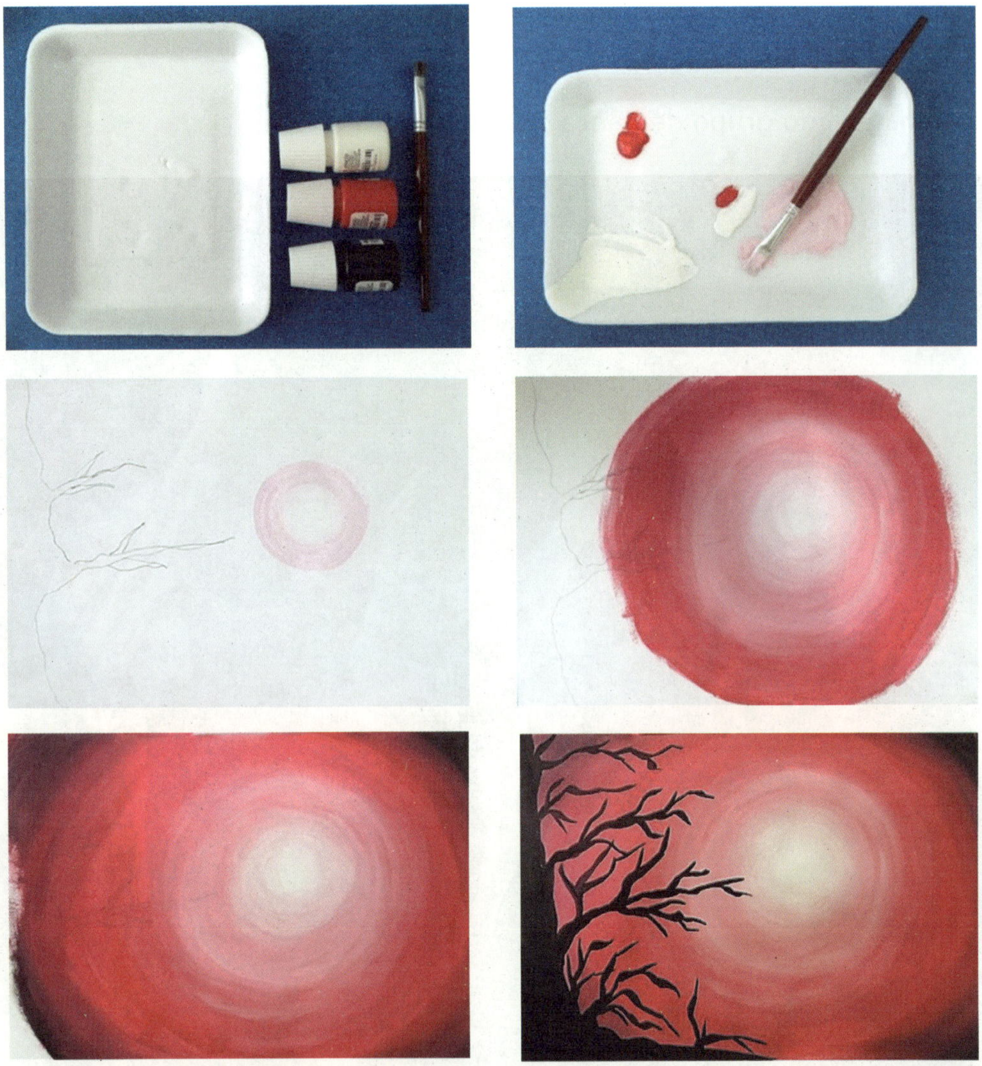

Acervo das autoras

• FICHA 9

Mesmo desenho, duas obras

ATIVIDADE: Sabendo o que são policromia e monocromia no estudo das cores, pinte os dois desenhos da ficha: no primeiro, use a policromia; no segundo, a monocromia. Nos estojos de lápis de cor, há mais gama de monocromia em tons de azul e verde, mas fique livre para escolher a escala monocromática da cor que quiser. Depois, compare os dois desenhos e veja como causam sensações diferentes.

MATERIAL: lápis de cor.

TEMA 4

A comunicação por meio da dança

Observe a imagem do grupo de dança a seguir.

Igor Bulgarin/Shutterstock

Apresentação de corpo de balé em Dnipro, Ucrânia.

A dança é uma linguagem gestual, na qual o corpo se torna o principal elemento de transmissão, associado quase sempre à música. Com isso em mente, podemos considerar a dança uma linguagem universal.

A comunicação por meio da dança

A dança é uma das formas de arte mais antigas conhecidas pelo ser humano. Como forma de comunicação, tem sido usada há séculos para expressar crenças e emoções, transmitir tradições e unir comunidades. É considerada linguagem universal de expressão e um meio de comunicação não verbal.

A linguagem corporal é aspecto fundamental da comunicação na dança. Por meio de movimentos precisos do nosso corpo, podemos partilhar emoções, contar histórias e transmitir uma mensagem. Cada estilo de dança tem um conjunto único de linguagem corporal, como os movimentos graciosos dos braços no balé clássico ou o trabalho rítmico dos pés no sapateado.

Figtography/Shutterstock

Sapateado é um estilo de dança no qual os dançarinos produzem sons ritmados com os sapatos, cujos bico e salto têm um tipo de metal.

A linguagem corporal utilizada em cada tipo de dança pode criar tensão, suspense ou excitação em quem aprecia uma apresentação. É uma ferramenta essencial para os bailarinos se expressarem e se conectarem com o público. Ao explorar e dominar as complexidades da linguagem corporal, os bailarinos podem elevar as *performances* a um nível totalmente novo.

A linguagem corporal também pode ser usada para criar efeito visual na dança. Ao utilizar formas corporais específicas, os dançarinos podem criar padrões ou imagens simétricas no palco. Essa técnica é especialmente útil para apresentações em grupo e permite aos artistas criarem coreografias complexas, visualmente atraentes. Além disso, ao inclinar o corpo ou adicionar pausas dramáticas, os dançarinos podem manipular o impacto visual dos movimentos e melhorar a experiência do público. Experimentar a linguagem corporal é uma forma emocionante para os bailarinos trazerem novos elementos ao trabalho e explorarem diferentes possibilidades criativas.

- Você conhece algum tipo de dança? O que acha que essa dança comunica a quem a aprecia?

Master1305/Shutterstock

Hip-hop.

A importância da prática da dança

Dançar relaxa o cérebro e o corpo porque, enquanto se dança, o corpo produz adrenalina e cortisol, que, durante os movimentos corporais, são liberados para o cérebro, causando relaxamento e sensação de prazer. Por isso, dançar, além de queimar calorias, pode ajudar também a aliviar momentos de tensão, nervosismo e ansiedade.

Movimentar-se, preocupar-se em manter o ritmo, com certa repetição de passos e de movimentos, são excelentes formas de manter a mente aguçada e desenvolver a capacidade criativa.

Por intermédio da dança, melhoramos a capacidade de aprendizagem e a memória, treinada constantemente pela necessidade de "gravar" sequências e passos.

A prática da dança permite que as emoções guiem os movimentos; possibilita liberar alegrias, medos, tristeza, ansiedade, aumentando a autoconfiança.

Dançar exige que você se conecte consigo mesmo, tanto física quanto mentalmente, desenvolvendo senso de autoconsciência, de como seu corpo se move, de seus limites.

LIGANDO COM

A DIVERSIDADE DA DANÇA NO BRASIL

Quando pensamos na imensidão de nosso território, entendemos que ele pode ser um celeiro cultural, pois abriga diferentes manifestações artísticas e culturais, sobretudo dos povos originários que habitavam o país antes da chegada dos europeus e, posteriormente, com a chegada dos africanos escravizados.

A diversidade cultural tem na dança uma de suas expressões mais significativas. O Brasil apresenta inúmeras diferenças no que diz respeito à dança. Temos as cantigas de roda, as serenatas, os caboclinhos, as catiras, o samba, o carimbó, o bumba meu boi, o frevo, o forró, o maracatu, o baião, o jongo, entre outros exemplos dessa rica arte.

Kleber Cordeiro/Shutterstock

Frevo, dança típica de Pernambuco.

Com a dança, podemos contar histórias, expressar ritos religiosos. Passadas, na maioria, de geração em geração, aprendemos e transmitimos brincando, cantando e dançando, quer em casa, na comunidade ou nas escolas. Muitas vezes, nas danças regionais, são usadas roupas coloridas, simbolizando o ritual da canção e da música. Quando assistimos a um espetáculo de dança, nossos olhos se enchem de alegria, e aguçamos nossa imaginação.

FICHA

Na pasta que acompanha este livro, você encontra as fichas para desenvolver as atividades propostas.

• FICHAS 10 E 10A

Criando um movimento corporal – dança

ATIVIDADE: Na ficha 10, há as partes de um corpo estilizadas. Recorte-as. Na ficha 10A, pinte o fundo do modo que quiser. Aquarela em pastilha e giz de cera podem ajudar a obter um resultado melhor, mas utilize os materiais que achar mais conveniente. Após ter as peças recortadas e o fundo pronto, cole as partes, criando um movimento corporal. Faça algumas simulações e escolha a que mais lhe agrada. Observe o modelo. Veja que o fundo foi colorido com aquarela em pastilha.

Acervo das autoras

MATERIAL: tesoura com pontas arredondadas, cola em bastão e material de pintura livre.

Atividades em grupo sobre dança

Matsabe/Shutterstock

Vamos fazer uma atividade de dança chamada contato/improvisação.

A improvisação, na dança, é uma técnica na qual os movimentos são criados espontaneamente, sem uma coreografia preestabelecida.

Vamos fazer o exercício duas vezes, com duas músicas de ritmos bem diferentes. Primeiro, coloquem uma música instrumental; depois, formem uma roda. O professor inicia a dança tocando um aluno, que faz um movimento corporal qualquer usando os braços, as pernas, as mãos, a cabeça. Em seguida, ainda se movimentando, esse aluno toca outro colega, que deve criar seu movimento, e assim consecutivamente, até que todos estejam se movimentando.

Agora, coloquem um *rock* e repitam o exercício.

Ao final, em roda, comentem como foram os movimentos ao som de diferentes gêneros musicais, exponham quais foram as dificuldades na improvisação dos movimentos, o que sentiram ao serem tocados pelo colega.

TEMA 5

A comunicação por meio da música

Observe a imagem a seguir.

Nejron Photo/Shutterstock

Jovens expressando-se por meio da música.

A música tem importante papel na sociedade. Ela se faz presente em todas as manifestações sociais e pessoais do ser humano, desde tempos mais remotos. Mesmo antes da descoberta do fogo, o homem primitivo se comunicava por meio de gestos e sons rítmicos, sendo, portanto, o desenvolvimento da música resultado de experiências sociais e individuais.

A música é a arte de combinar efeitos expressivos de sons e silêncio. É uma sucessão de sons agradáveis ao ouvido humano, capaz de transmitir emoções. É composta por um ou mais compositores, que transmitem suas emoções, sua personalidade e suas ideias musicais aos ouvintes.

A comunicação por meio da música

A comunicação tem sido bastante estudada no contexto da fala e da linguagem. Embora a fala seja o meio mais comum, a arte, por intermédio de suas linguagens, também é bastante eficaz em termos de comunicação.

No tema 1 deste livro, vimos como acontece a comunicação por meio da linguagem visual. Agora, vamos saber um pouco sobre a comunicação por meio da música e, posteriormente, por intermédio da dança e do teatro.

A comunicação não ocorre exclusivamente entre duas pessoas ou mais.

Shutterstock/Prostock-studio

A música é uma das formas mais antigas de comunicação e expressão humana. Até hoje, não se tem notícia de uma sociedade ou cultura que não a usasse, de alguma maneira, para se comunicar.

Desde tempos mais remotos, a música tem sido utilizada para transmitir ideias, sentimentos e emoções, contar histórias, criar identidades culturais, entre outras funções. Na atualidade, é uma das formas mais populares de comunicação e pode ser encontrada em vários contextos da vida social, cultural, política, histórica, econômica, estética, entre outros.

A música tem poder de unir as pessoas. Durante séculos, os povos africanos, por exemplo, utilizaram tambores para se comunicar uns com os outros: os sons desse instrumento alertavam as pessoas sobre a iminência de tempestades, ameaças e guerra.

Quando ouvimos música, não o fazemos apenas para satisfazer a uma necessidade artística ou estética, mas também por seu valor comunicativo e emocional. As letras e as melodias das músicas podem provocar mudança de emoções, de humor e de comportamento. Mas, obviamente, a comunicação não se dá exclusivamente entre duas ou mais pessoas. Pode ser também um diálogo pessoal, interno, que se concretiza por meio do pensamento e da reflexão.

- Você já viveu alguma situação na qual uma música lhe transmitiu uma mensagem? Já pensou na possibilidade de enviar uma música a alguém como se estivesse mandando uma mensagem?

A música e as emoções

Por intermédio da música, entendemos nossa capacidade de perceber emoções – elas começam muito cedo, na infância, e vão até a idade adulta. Ao ouvirmos uma música, podemos sentir alegria, tristeza, melancolia, saudade, entre outros sentimentos e emoções. Alguns fatores como melodia, harmonia e ritmo influenciam as emoções sentidas enquanto se ouve uma música.

- **Melodia:** é uma espécie de identidade da música; é a parte da música que fica gravada na memória – uma sequência de sons que contam uma história e transmitem emoções como felicidade, relaxamento, serenidade.
- **Harmonia:** é o conjunto de notas tocadas ao mesmo tempo. A combinação de acordes de uma música faz com que ela soe mais triste ou mais alegre, por exemplo.

- **Ritmo:** é a duração das notas musicais e das pausas. Ritmo suave, consistente, está associado à felicidade e à paz; ritmos mais irregulares demonstram diversão ou desconforto; ritmos variados transmitem sensação de alegria.

Todos esses fatores, mais o desempenho e a habilidade do músico, podem afetar a transmissão de ideias e sensações do público que ouve a música. Assim, as habilidades de um músico não dependem apenas da capacidade de tocar algum instrumento ou de cantar determinada música, mas também da interpretação personalizada e da motivação para executar a música.

A música rompe barreiras, forma elos culturais e, como dito anteriormente, é um dos meios de comunicação mais antigos da história.

- Ao refletir sobre a música despertar emoções em quem a ouve, pense nas músicas de que você gosta e em quais emoções elas despertam em você.

Antoniodiaz/Shutterstock

A música é capaz de mudar as emoções, o humor e o comportamento.

Um pouco da história da música

A origem da música pode ser remetida à **Pré-história**, quando os primeiros seres humanos se comunicaram pela imitação de sons naturais, como a água corrente, o bater das pedras, o sopro dos ventos. Para o musicólogo italiano Fausto Torrefranca (1883-1955), a música pode ter surgido do ritmo e dos sons vocais do ser humano ao tentar se expressar com seus semelhantes.

A **música ocidental** tem origem na Grécia e na Roma Antiga. Grande parte da terminologia musical, os modos musicais, a afinação das escalas surgiram com os gregos, no século VI a.C., que tinham vasta produção musical ligada ao teatro.

Na Roma Antiga, escravizados vindos da Grécia tornaram-se figuras centrais da música romana nas exibições de lutas e nos espetáculos nos anfiteatros. Os romanos adotaram a teoria musical grega, que só foi mudada na Idade Média.

Na **Idade Média**, por volta do ano 1000, Guido D'Arezzo elaborou o tetragrama (pauta musical), nomeou as notas musicais (dó, ré mi, fá, sol, lá, si) e identificou a posição de cada nota musical na pauta.

As principais formas medievais de música eram os cânticos dos salmos da Bíblia. Com a rápida expansão do cristianismo no século VI, o papa Gregório oficializou o canto gregoriano como modelo europeu. Nesse mesmo período, apareceram compositores trovadores, com composições de cunho popular, enaltecendo o amor em canções.

Cântico: canto de qualquer hino ou poema em louvor a uma divindade ou a alguém.

Na **Idade Moderna**, surgiu a música barroca, que integrava o canto vocal com a música instrumental. Durante o século XVIII, apareceram a música clássica, as sonatas e os grandes compositores, como Mozart, Beethoven e Schubert. As óperas ganharam destaque e se tornaram linguagem independente. Já o século XIX foi marcado por novos grandes compositores, como Chopin, Liszt, Wagner e Ravel.

Archiv für Kunst und Geschichte, Berlim

Detalhe de pintura retratando trovadas medievais, século XIV.

Na **Idade Contemporânea**, surgiram a música aleatória e o teatro musical. Na década de 1960, apareceu o Concretismo – movimento artístico-cultural que surgiu na Europa, em meados do século XX, que visava à criação de uma linguagem, uma arte abstrata. Esse movimento de vanguarda influenciou as artes literárias, as musicais, as figurativas e a música eletrônica e levou compositores europeus a incorporar elementos da cultura não ocidental (hindu, chinesa ou africana) à música.

Atualmente, a música tornou-se ferramenta de cooperação, socialização e interação intercultural e relacional.

Sonata: composição musical para um ou dois instrumentos.

Media Whale Stock/Shutterstock

Música eletrônica é toda obra criada ou modificada por meio de equipamentos eletrônicos, como sintetizadores, gravadores digitais, computadores ou *softwares* de composição.

Um pouco da história da música no Brasil

O Brasil de Rugendas, V. 1, BH: Itatiaia, 1998

Dança de batuque (1835), de Johann Moritz Rugendas. Litogravura, 700 cm × 464 cm.

A primeira referência sobre a música no Brasil aparece na carta de Pero Vaz de Caminha (1500), que relata ao rei de Portugal a musicalidade dos indígenas. Outras referências apareceram nos escritos de padre Manuel da Nóbrega (1517-1570), que mencionam a música de catequese com melodia gregoriana.

A partir do século XVI, com a vinda dos negros escravizados, a cultura em geral, incluindo a música, ganhou influências dos ritmos africanos. A partir do século XVII, os negros formaram ordens de músicos, integrando também seus descendentes. A influência da música africana na formação da música brasileira veio da grande quantidade de ritmos, danças e instrumentos que passaram a monopolizar o desenvolvimento da música popular brasileira, dando início à batucada e, mais tarde, ao samba.

O século XVII foi marcado pelo lundu – música africana de procedência angolana que ganhou espaço dando notoriedade a instrumentos como o bandolim e tornou-se música de caráter urbano.

No Brasil, ganhou destaque, nos séculos XVIII e XIX, a modinha com caráter sentimental, de procedência portuguesa e com elementos da ópera italiana.

LIGANDO COM

A RELATIVIDADE ENTRE A MÚSICA E A FÍSICA

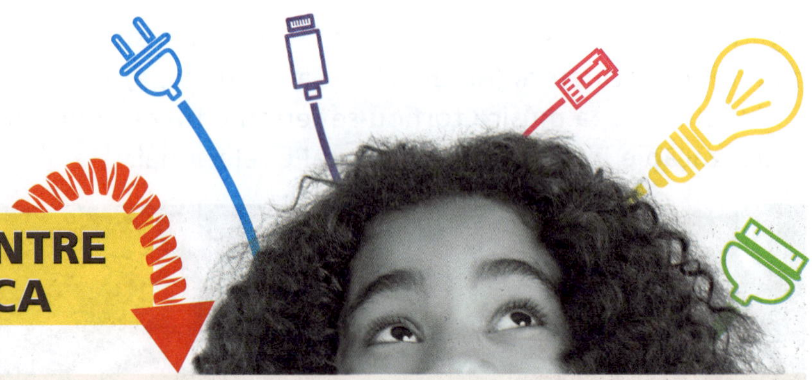

The Hungarian "Pest Diary"

Albert Einstein.

Você sabia que o físico Albert Einstein também foi músico? Einstein (1879-1955) começou a estudar violino aos 6 anos; aos 23, ele e os amigos formaram um grupo que inicialmente tocava em cafés, cervejarias e recitais que aconteciam na cidade de Berna, capital da Suíça. Mais tarde, tornou-se costume, após longos debates sobre física, matemática e filosofia, Einstein tocar seu violino no trio que formara com os físicos alemães Max Karl e Ernest Planck.

Para Einstein, "a música e a pesquisa em física originam-se de fontes diferentes, mas são intimamente relacionadas e ligadas por um fio comum, que é o desejo de exprimir o desconhecido. As reações divergem, mas os resultados são complementares". A paixão de Einstein pelo violino o fez tocar Mozart e outros compositores em várias situações: quando visitou o amigo Charlie Chaplin e, mais tarde, o casal real belga, rei Alberto I e rainha Elisabeth.

Na pasta que acompanha este livro, você encontra as fichas para desenvolver as atividades propostas.

• FICHA 11

Montando uma *playlist*

ATIVIDADE: Na ficha, há alguns espaços. Em cada um deles, escreva o nome de uma música que você gosta de ouvir. No espaço abaixo, desenhe ou cole uma figura que represente o que você sente ao ouvir a música.

MATERIAL: lápis grafite e material de desenho ou colagem livre.

• FICHA 12

Transformando sons e emoções em imagens

ATIVIDADE: Ao ouvir o *Concerto para violino nº 3*, de Mozart, pare por alguns instantes e procure perceber que emoções e sensações você está sentindo. A seguir, no espaço menor da ficha, escreva algumas palavras que lhe vêm à mente definindo essas emoções. No espaço maior da ficha, transforme em imagens essas emoções que está sentindo. Crie uma composição e use cores que contribuam para transmitir suas emoções. Para isso, use lápis de cor, caneta hidrocor, giz de cera, enfim, o material que vai ajudá-lo a transformar as emoções em imagens.

MATERIAL: lápis grafite, borracha, lápis de cor, caneta hidrocor e giz de cera.

TEMA 6

Arte romana e arte bizantina – grandiosidade e luxo

Observe as imagens a seguir.

Misterviad/Shutterstock

Coliseu de Roma, anfiteatro oval localizado em Roma, Itália, construído entre os anos 68 d.C. e 79 d.C.

As imagens que você observa nesta página são de duas obras arquitetônicas símbolos dos impérios Romano e Bizantino. Foram construídas para mostrar a grandiosidade dos impérios que dominaram a cultura ocidental nos períodos de seu apogeu.

Phuong D. Nguyen/Shutterstock

Basílica de Santa Sofia, construída entre os anos 532 e 537 pelo Império Bizantino para ser a catedral de Constantinopla, atual Istambul, Turquia.

A grandiosidade da arte romana

Do século II a.C. ao século V d.C., Roma dominou o mundo europeu. Na arquitetura e no urbanismo, os romanos foram práticos e, após dominarem regiões, construíram vias de comunicação, ergueram edifícios e arcos, organizaram a administração pública, tudo para manter mais controle político, melhorar rotas comerciais e demonstrar sua superioridade.

Arquitetura e urbanismo

Na arquitetura, os romanos destacaram-se nas construções de estradas, viadutos, aquedutos, sistemas de esgoto, fóruns, basílicas, termas, teatros, anfiteatros, circos, templos, arcos e colunas, para celebrar feitos históricos.

As cidades eram ligadas por vasta rede de estradas calçadas com pedras enormes, visíveis ainda hoje na Via Ápia, em Roma. Imperadores e nobres construíram suntuosas casas formadas de muitos compartimentos. Para o povo, as moradias eram pequenas, com muitos habitantes, em prédios de vários andares.

O Coliseu foi inaugurado pelo imperador Tito no ano 80 d.C. Sua função era ser um circo dedicado a espetáculos. Nele, realizavam-se combates entre gladiadores, caça a animais ferozes e até batalhas navais, graças a um sistema hidráulico que permitia o alagamento do chão. Cada espetáculo podia ser visto por cerca de 50 mil pessoas. O Coliseu tem forma elíptica e 57 metros de altura, similar a um edifício de 18 andares.

Teatro e circo

Diferentemente dos gregos, que davam sentido cultural e educativo ao teatro, os romanos consideravam o teatro apenas diversão. Contudo, construíram grandes teatros, como o Teatro de Marcelo (século I d.C., Roma). No teatro romano, os atores eram geralmente escravizados.

O circo romano servia para espetáculos de corrida de bigas e quadrigas.

Biga: carro de guerra de duas rodas, movido por dois cavalos, cujo condutor ficava em pé. Foi usada na Antiguidade como carro de combate.

Quadriga: semelhante à biga, porém puxada por quatro cavalos emparelhados.

Biga.

Escultura de quadriga na Calle de Alcalá, Madri.

Havia entrada principal para o público, e outra, lateral, para os cavalos. Nos circos, havia também corridas e espetáculos de acrobacia, bandas e palhaços.

Teatro de Marcelo, Roma.

TTstudio/Shutterstock

Ruínas do circo Máximo, Roma.

Izabela Miszczak/Shutterstock

Termas

Ruínas das termas de Caracala, Roma.

Pavel L Photo and Video/Shutterstock

Os romanos tinham o hábito de tomar banho diariamente. Como nem todas as casas dispunham de locais para banho, eram utilizados os banhos públicos – as termas. A primeira terma foi construída no século V a.C. Com o passar do tempo, as termas passaram a ser centro da vida social romana.

As casas de banho eram ricas, luxuosas, de tamanho colossal, decoradas com mármore. A mais famosa era a de Caracala, cuja área total de edificação cobria algo em torno de 80 mil metros quadrados.

Aquedutos

Típicas obras da engenharia civil romana, os aquedutos eram destinados ao aproveitamento hídrico das cidades e permitiam levar a água a longas distâncias. Eram construídos em formato de sucessivos arcos e funcionaram por vários séculos.

Dois dos aquedutos mais famosos eram o Aqua Claudia e o Aqua Marcia. O Aqua Claudia tinha 69 quilômetros de comprimento.

Ruínas do aqueduto Aqua Claudia, Roma.

Franco Tognarini/Shutterstock

- Você sabia que cerca de 16% da população brasileira não tem água tratada e 47% não têm acesso à rede de esgoto? Cerca de 30 milhões de brasileiros vivem em cidades com contratos irregulares de saneamento básico.

A água das montanhas percorria 55 quilômetros em canais subterrâneos até chegar à encosta da montanha. De lá, era levada para a cidade por tubos colocados sobre grandes arcos a mais de 30 metros de altura.

Testemunhos dessas obras podem ser encontrados em vários países que tiveram dominação romana, por exemplo, Espanha e França.

Escultura

A estatuária romana tem o realismo como principal característica.

Os romanos realizaram trabalhos em pedra, mármore, bronze e madeira (o mármore era o material preferido). Esculpiam temas que celebravam os feitos históricos de seu povo e suas crenças: oficiais em combate, heróis, deuses e figuras de imperadores em posturas imponentes, para demonstrar autoridade.

Durante o século II a.C., grande número de escultores gregos viviam e trabalhavam em Roma, deixando uma herança greco-romana nas obras esculpidas.

As esculturas nas cidades romanas eram essencialmente do Estado, atendendo ao poder político. Eram representativas de imperadores, filósofos e juristas e rememoravam vitórias militares.

Escultura em mármore do César Otaviano, celebrado como imperador Augusto, 8 a.C.

Jeff Whyte/Shutterstock

Pintura

Os romanos copiaram muito a arte de pintar dos gregos.

As pinturas dos murais romanos mostram-nos figuras com muita graciosidade. E a pintura das casas fazia com que parecessem maiores do que realmente eram. Um bom exemplo são as paredes pintadas nas cidades de Pompeia e Herculano, que suportaram a erupção do vulcão Vesúvio, em 79 d.C., e ainda permanecem quase intactas. Podem-se observar as figuras humanas nas cenas, que sugerem usos e costumes das mulheres romanas, como também a raridade do claro e do escuro e o efeito de profundidade, forte e baseado nos contrastes cromáticos de corpos luminosos e nas vestes escuras.

Casa de Julia Felix, Pompeia

Natureza morta com tigela de vidro com frutas e vasos (c. 63 d.C. e 79 d.C.), de autoria desconhecida. Afresco em casa em Pompeia, Itália.

Os romanos usaram o claro e o escuro com finalidades plásticas e abusaram da expressividade dos gestos das figuras.

Outro momento importante da pintura romana veio com o cristianismo. Os cristãos fizeram passagens subterrâneas nos túmulos, as chamadas catacumbas. As pinturas encontradas nesses locais representam cenas da Bíblia.

Timur Kulgarin/Shutterstock

Antigo afresco do Palazzo Vecchio, em Florença.

O luxo da arte bizantina

"Bizantina" deriva de Bizâncio, antiga e grandiosa cidade grega, situada no Estreito de Bósforo (passagem que liga a Ásia à Europa), que se tornou sede do Império Romano do Oriente sob o nome Constantinopla, atual Istambul.

O imperador bizantino mais importante foi Justiniano (527-565 d.C.), cujo governo foi marcado por lutas sociais e também pela arte e pela cultura, que floresceram na época.

Os imperadores eram representados em pinturas e mosaicos com uma auréola ao redor da cabeça, o que determinava seu poder teocrático, ou seja, como representante de Deus na Terra.

A arte bizantina distingue-se, sobretudo, na arquitetura sacra e nos mosaicos.

Shutterstock

Mosaico do imperador bizantino Justiniano, que aparece na imagem com a auréola ao redor da cabeça.

Arquitetura

O edifício típico da arquitetura bizantina era a igreja, mas os bizantinos construíram também teatros, termas, hipódromos e palácios.

A Basílica de Santa Sofia, conhecida como Sagrada Sabedoria, hoje museu, é uma magnífica obra da arquitetura bizantina. Seu formato é clássico, o da tradicional basílica com cúpula. A igreja tem formato de um vasto retângulo de 77 metros de comprimento por cerca de 72 metros de largura, e o centro da nave principal é coberto de imensa cúpula de 55 metros, apoiada em quatro arcos plenos. As abóbadas foram recobertas de mosaicos de fundo de ouro e repousam sobre colunas igualmente de ouro, enquanto o trono é de prata e ouro. Há imensa quantidade de lâmpadas e candelabros que permitem boa iluminação da igreja tanto à noite quanto durante o dia.

Abóbada: todo teto côncavo; cobertura encurvada e apoiada em paredes ou colunas.

Arco pleno: termo da arquitetura que designa um arco que dá uma volta completa, formando um ângulo de 180°.

O místico esplendor do mosaico

O termo **mosaico** vem do grego e significa "obra paciente". Sem dúvida, é um dos meios mais antigos e mais visíveis de ornamentação. É a arte de produzir imagens utilizando-se pequenos fragmentos de pedra ou vidro colorido, tendo como orientação um desenho pré-elaborado.

Pode-se dizer que os mosaicos representam a união perfeita entre arte e artesanato e foram uma arte bastante expressiva entre os bizantinos. Para produzi-los, os bizantinos uniam os fragmentos de pedra ou vidro com uma mistura de cal, areia e óleo. Gostavam de usar o fundo dourado e, sobre ele, as figuras em posição frontal, ricas em detalhes, vestes preciosas, místicas e irreais, mas, às vezes, extremamente realistas nas particularidades.

Os mosaicos decoram o interior de edifícios religiosos. As figuras humanas, representadas nos mosaicos, são privadas de volume e movimento. Apresentam olhos grandes e linhas de contorno definidas. O fundo dourado evidencia a condição de privilégio e eternidade. O tema predominante é sempre religioso, envolvendo a imagem de Cristo, da Virgem e dos santos, mudando apenas a iconografia circundante.

Além das figuras sacras, há muitos mosaicos com a figura do imperador Justiniano, da imperatriz Teodora e de sua corte.

Nas igrejas predomina o rígido código bizantino na composição da pintura. Cristo é representado sempre na cúpula; a Virgem, na abside; e os santos, ao longo da nave da basílica.

Abside: nicho ou recinto semicircular ou poligonal de teto abobadado, geralmente situado nos fundos ou na extremidade de uma construção ou de parte dela.

- Você já viu alguma igreja em sua cidade que tem mosaicos? Já reparou em cenas religiosas em igrejas que se parecem com mosaicos bizantinos? Se sim, diga onde foi.

JIPEN/Shutterstock

Mosaico no interior do Mausoléu de Galla Placidia em Ravena, Itália.

Luckyraccoon/Shutterstock

Mosaico de um monastério em Chipre.

Mirages.n1 / Shutterstock

Mosaico do imperador Justiniano e sua corte, antes de 547, em basílica de Emília-Romanha, Itália.

LIGANDO COM

A IMPORTÂNCIA DO TEATRO ROMANO

Os romanos construíram seus teatros, na maioria, em semicírculos, assim como os gregos, dos quais receberam muita influência. As primeiras representações teatrais romanas datam de 364 a.C.

Os primeiros atores eram etruscos, que representavam comédias, paródias, cantos e danças.

Etrusco: natural ou habitante da Etrúria, antiga província italiana.

Os primeiros teatros romanos eram feitos de madeira e desmontados após as representações; posteriormente, passaram a ser construídos de pedra. Diferentemente dos gregos, os romanos aproveitavam as encostas das montanhas para realizar seus espetáculos.

Nos teatros, as primeiras fileiras eram reservadas aos magistrados (políticos, senadores, cônsules). Os escravizados não podiam ocupar assentos, e as mulheres, quando adquiriram o direito de frequentá-los, tinham que se sentar nas últimas fileiras. Alguns espectadores eram convidados para aplaudir ou vaiar as peças apresentadas. Os romanos apreciavam comédias, mas, às vezes, executavam publicamente pessoas sentenciadas à morte, num tipo de apresentação.

Os espetáculos teatrais só eram realizados durante o dia. Raramente ocorria um espetáculo noturno. Os primeiros atores teatrais foram Lívio Andrônico, depois Plauto e, mais tarde, Públio Terêncio, que adaptaram obras gregas ao gosto popular romano.

Pouco a pouco, o teatro foi ganhando caráter próprio chamado "mimo", expressão autenticamente romana. Os mimos eram espetáculos que, além de música e dança, mostravam ao público cenas baseadas nos costumes romanos da época.

Os espetáculos teatrais geralmente eram comédias, uma forma de distrair o público. As mímicas e pantomimas, muito frequentes, versavam em torno de lendas e da mitologia.

Leonid Andronov/Shutterstock

O teatro romano de Mérida, na Espanha, é patrimônio mundial da Unesco.

FICHA

Na pasta que acompanha este livro você encontra as fichas para desenvolver as atividades propostas.

• FICHA 13

Mosaico de papel – imitando a arte bizantina

Os mosaicos originais são feitos com pedaços de vidro, de cerâmica ou de mármore. Mas podemos fazer mosaicos com materiais mais simples, como papel, sementes e grãos, pedaços de vidro etc.

ATIVIDADE: Faça um desenho na ficha com formas grandes e poucos detalhes. A seguir, recorte pequenos pedaços de papel colorido e cole-os sobre o desenho, preenchendo todos os espaços. Use cores adequadas que combinem e deixem o mosaico bem alegre e colorido. Use papel espelho de cores variadas ou papel de revista.

MATERIAL: papéis diversos, lápis grafite, borracha, cola em bastão e tesoura com pontas arredondadas.

Acervo das autoras

Mosaico de papel picado.

• FICHA 14

Mosaico de grãos

ATIVIDADE: Modele uma esfera com um pedaço de argila branca; em seguida, sobre uma bandeja de isopor, achate a esfera, formando uma placa redonda de aproximadamente 0,5 cm de espessura. A placa não pode ficar muito fina, senão, quando os grãos forem pressionados, ela vai furar.

Usando grãos de milho, feijões de diferentes cores, lentilha, ervilha ou outro grão que você tiver facilidade de conseguir, faça um mosaico. Observe o passo a passo que consta da ficha. A massa usada no modelo é uma encontrada com facilidade no mercado de materiais escolares. É uma mistura de massa de modelar com argila branca, conhecida como "argilinha", fácil de modelar e de custo acessível. São encontradas embalagens de 200 gramas ou de 500 gramas. Você vai precisar de aproximadamente 200 gramas.

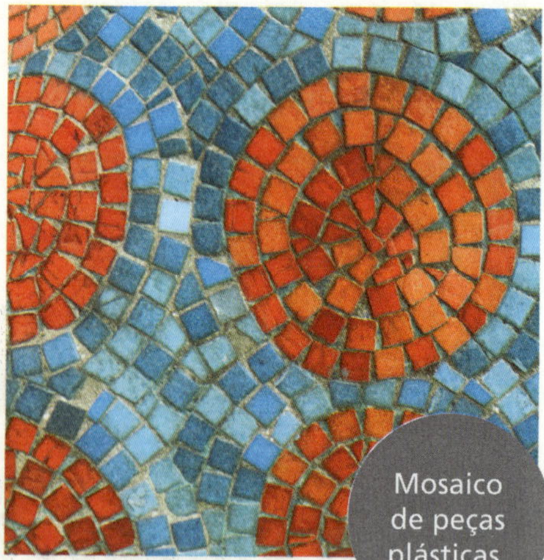

Shutterstock/Hathaibunn

Mosaico de peças plásticas.

MATERIAL: massa de modelar ou argila branca, grãos variados e bandeja de isopor.

- Você sabia que o isopor é um material 100% reciclável?
  Confira em: https://www.mundoisopor.com.br/sustentabilidade/como-fazer-reciclagem-do-isopor. Acesso em: 6 dez. 2024.

• FICHAS 15 E 15A

Pintando o Coliseu e montagem em 3D

ATIVIDADE: Na ficha 15, há duas imagens da obra arquitetônica Coliseu. Pinte uma delas imitando as cores atuais do monumento histórico; em seguida, pinte a outra com as cores que desejar, usando a imaginação. Modernize a fachada, faça linhas, desenhos, enfim, deixe a criatividade fluir. Observe os modelos. Depois, recorte o desenho de que mais gostar, deixando as abas laterais, pois elas servirão para fazer a colagem do Coliseu em 3D.

Na ficha 15A, onde há um retângulo tracejado ao meio, pinte a parte de cima, que representa o céu, e a parte de baixo, que representa o chão. Dobre a linha pontilhada e cole a figura do Coliseu, deixando-a côncava, lembrando que o Coliseu é um monumento circular. Observe as fotos.

MATERIAL: lápis de cor ou giz de cera, tesoura com pontas arredondadas e cola em bastão.

Acervo das autoras

TEMA 7

A comunicação por meio do teatro

Observe a imagem a seguir de uma cena de espetáculo teatral.

Pavel L Photo and Video/Shutterstock

Grupo de atores encenando espetáculo musical infantil.

No teatro, falamos e nos comunicamos tanto com o corpo como com a voz, o que equivale a dizer que a linguagem teatral pode ser verbal e não verbal.

A atividade teatral fortalece as competências comunicacionais e relacionais por meio do uso consciente do corpo, da voz e do espaço.

Shutterstock/alphaspirit.it

Teatro é comunicação

O ser humano tem necessidade de contar histórias desde o início da humanidade.

A arte teatral tem forte cunho antropológico, pois surgiu justamente do instinto e da necessidade do homem de se expressar e se comunicar.

Se você se perguntar como o teatro sobreviveu ao advento do cinema e da televisão, a resposta está em sua particularidade comunicativa, ao exigir a presença simultânea de emissor e receptor, do aqui e agora, do estar "ao vivo".

A combinação estruturada de corpo, voz, tempo e espaço constrói um meio de comunicação muito poderoso. Essa junção é capaz de criar emoções e reações, influenciar pessoas, povos e culturas.

No centro de tudo está a fala, entendida como meio de qualquer tipo de narração eficaz, uma verdadeira ferramenta de "criação de comunicação".

Há peças de teatro para todos os públicos e todas as idades. Vamos conhecer alguns tipos de peça:

Antropológico: relativo à antropologia, que é o estudo científico da humanidade, mais precisamente do comportamento humano, tanto no presente como no passado.

Auto: feito pela primeira vez na Espanha, na Idade Média, o auto é um subgênero da literatura dramática e tem como objetivo principal a sátira, sobretudo de autoridades e expoentes da sociedade da época, além das lições de moral, como no clássico *Auto da barca do inferno,* de Gil Vicente.

Comédia: nesse tipo de peça teatral, o humor é o mais importante. Em geral, as peças de teatro do tipo comédia são criadas para fazer rir, aliviando tensões do dia a dia. Além do humor, algumas vezes, a mensagem transmitida ao espectador é de, por meio de risos, expor críticas políticas, sociais e econômicas, conduzindo o público a uma reflexão.

Igor Bulgarin/Shutterstock

Espetáculo teatral de comédia.

Drama: mostra algum tipo de sofrimento da vida cotidiana, seja dos personagens centrais, seja de outros integrantes do elenco, e, às vezes, esconde lições de vida por trás de alguns diálogos.

Melodrama: mostra um drama acentuado, com situações mais intensas de sofrimento.

Stock_photo_world/Shutterstock

Apresentação de *stand-up comedy*.

Ópera: na ópera, são combinadas falas e música, aumentando ainda mais a carga dramática da peça, mesmo que não se trate de drama.

Monólogo: é a peça interpretada por um único ator, o qual interage com o público e consigo mesmo, como se estivesse dialogando com outra pessoa. Nesse tipo de peça, o ator discute cenas do cotidiano, tenta resolver problemas, apresenta situações vivenciadas ou, ainda, pode fazer uma reflexão sobre parte de sua vida.

Revista: mistura de musical e comédia com objetivo de entretenimento, embora oculta quase sempre fortes críticas políticas e sociais.

Stand-up comedy: é a peça repleta de falas de humor e apresentada por um comediante. Durante a encenação, o comediante interage com o público, dosando as histórias contadas com as experiências e as interações de quem está assistindo a episódios da própria vida.

Shutterstock

Grupo de teatro interpretando os personagens do filme *Frozen*.

Musical: peça que une música, canções, danças e diálogos falados.

Infantil: em geral, no teatro infantil são encenadas obras literárias escritas, tendo as crianças como público.

Teatro de fantoches, teatro de bonecos ou **teatro de marionetes**: termo que designa a encenação teatral feita com fantoches, marionetes ou bonecos de manipulação. Nesse tipo de teatro, os atores ficam escondidos atrás do cenário, usam a voz e manipulam bonecos para dar-lhes a fala e o gestual necessário à interpretação.

Seja qual for o tipo de peça visto, sempre haverá uma mensagem a quem assistiu à encenação, e, com certeza, os atores também levam da plateia forte dose de energia para darem continuidade à própria arte.

Sean Aidan Calderbank/Shutterstock

Teatro de fantoches.

A importância da prática teatral

Como dito no início do tema, no teatro, falamos e nos comunicamos tanto com o corpo como com a voz, o que equivale a dizer que a linguagem teatral pode ser verbal e não verbal.

A linguagem não verbal engloba gestos, postura e utilização do corpo; em conjunto com a fala e com o tom de voz, a comunicação, na prática do teatro, fica muito mais enriquecida.

Dramatizar histórias e acontecimentos contribui muito para o desenvolvimento da personalidade, além de possibilitar sempre um momento divertido.

As relações interpessoais estão cada vez mais complexas; a diminuição da capacidade auditiva, a dificuldade de se expressar e a individualidade, acompanhada dos recursos tecnológicos, estão tornando os relacionamentos mais difíceis. Quando se faz aulas de teatro, desenvolvem-se habilidades de comunicação, expressão, ética, respeito ao próximo e a nós mesmos, colaborando para melhor relacionamento com o outro, além de aprimorar o autoconhecimento.

LIGANDO COM

UM GRANDE ATOR DO TEATRO BRASILEIRO

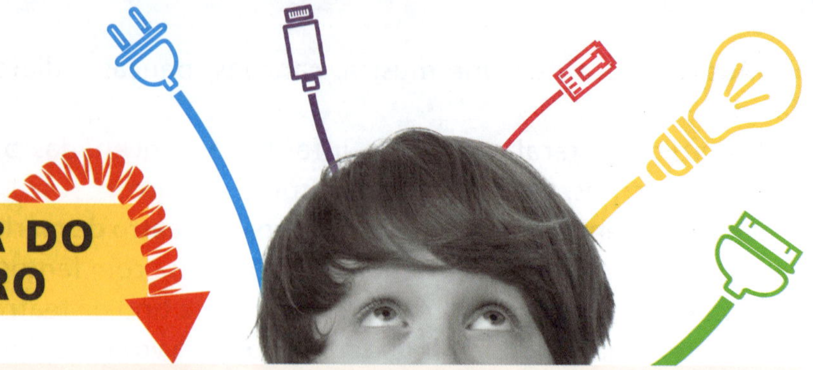

Paulo Paquet Autran nasceu no Rio de Janeiro em 7 de setembro de 1922. Aos 5 anos, mudou-se para São Paulo e, aos 11, escreveu a primeira peça, *As onças da Jamaica*. Em 1945, formou-se em Direito na Faculdade de Direito da Universidade de São Paulo, no Largo São Francisco, e passou a exercer a profissão. Nesse período, dividiu-se entre a advocacia e o teatro amador. Em 1947, com Os Artistas Amadores, grupo fundado por Madalena Nicol, encenou *Esquina perigosa*, de J. B. Priestley, no Teatro Municipal de São Paulo. Em 1948, com o mesmo grupo, a convite de Franco Zampari, encenou *A noite*, de Ayn Rand, no Teatro Brasileiro de Comédia (TBC). No final de 1950, o grupo se dissolveu, após formar repertório que incluía *Amanhã, se não chover*, de Henrique Pongetti; *Helena fechou a porta*, de Accioly Netto; e *Don Juan*, de Guilherme Figueiredo.

Em 1951, Paulo Autran é contratado em São Paulo para o TBC e atua em importantes produções, como *Seis personagens à procura de um autor*, de Luigi Pirandello, ao lado de Cacilda Becker e Sérgio Cardoso, sob a direção de Adolfo Celi, e *Dama das Camélias*, de Alexandre Dumas Filho. Na Companhia Vera Cruz, tem início sua carreira no cinema, em produções como *Apassionata*, de Fernando de Barros; *Veneno*, de Gianni Pons; e *Uma pulga na balança*, de Luciano Salce. Em 1955, mudou-se para o Rio de Janeiro e formou, ao lado de Tônia Carrero e Adolfo Celi, a Companhia Tônia-Celi-Autran (CTCA), estreando com a peça *Otelo*, de William Shakespeare. Em 1961, a companhia apresentou o último espetáculo, a comédia *Tiro e queda*, de Marcel Achard. Nos anos seguintes, atuou em várias peças de teatro e fez cinema e televisão. Em 2002, recebeu o Prêmio Shell de Teatro de melhor ator pela peça *Visitando o sr. Green*, de Jeff Baron.

Paulo Autran faleceu em São Paulo, em 2007, aos 85 anos.

Flávio Florido/Folhapress

O ator Paulo Autran.

Leia, assista, ouça, acesse, visite!

Assista

- *Linguagem teatral*. Disponível em: https://www.youtube.com/watch?v=7rMT3KRPt2s.
- *Ator conta em peça de teatro de como superou paraplegia*. Disponível em: https://tvbrasil.ebc.com.br/fique-ligado/2019/05/ator-conta-em-peca-de-teatro-de-como-superou-paraplegia?page=3. Acessos em: 9 dez. 2024.

Acesse

- *Breve história do teatro*. Disponível em: http://www.arte.seed.pr.gov.br/modules/conteudo/conteudo.php?conteudo=179. Acesso em: 9 dez. 2024.

FICHA

Na pasta que acompanha este livro, você encontra a ficha para desenvolver a atividade proposta.

• FICHA 16

Comunicação por meio da expressão facial

ATIVIDADE: Na ficha, há 16 desenhos mostrando diferentes expressões faciais. Primeiro, identifique o que cada expressão quer comunicar (alegria, espanto, tristeza etc.); a seguir, escreva ao lado uma pequena frase que represente essa expressão. Depois que todos tiverem escrito as frases, formem uma roda. Cada aluno deve dizer uma de suas frases, e os demais devem adivinhar a qual expressão o colega está se referindo e reproduzir a expressão fácil, imitando a que está na ficha.

MATERIAL: lápis grafite e borracha.

Jogos teatrais

Bolas imaginárias – jogo de expressão e ritmo

Cada jogador deve imaginar estar com uma bola, incluindo os detalhes que a envolvem: tamanho, peso, material (de que é feita), textura etc. Nesse ponto, deve começar a brincar com a bola usando o corpo e a voz, emitindo alguns sons (por exemplo, se a bola for pesada, o aluno poderá emitir som de cansaço/respiração ofegante). Cada um deve fazer movimentos corporais e emitir sons para movimentar sua bola imaginária.

Após alguns minutos, o professor dirá: "Preparem-se!". Nessa hora, cada participante escolherá um parceiro. Os dois ficarão de frente um para o outro e continuarão a brincar e a observar o colega, com cuidado, para entender de qual material a bola dele é feita. Depois de um tempo, o professor dirá: "Troquem as bolas!". Cada jogador terá que trocar sua bola imaginária com a do colega com o qual ficou de frente. Então, terá que levar a bola que pegou, lembrando as características dela (de borracha, de papel, de ferro, de plástico, de vidro, de massa mole etc.). No final, em roda, o grupo poderá tentar identificar de qual material era a bola do colega.

Sobre a ponte – jogo de expressão e voz

Com uma fita, duas linhas paralelas deverão ser marcadas no chão, representando uma ponte, sobre a qual cada jogador deverá passar. Para atravessar a ponte, os participantes deverão representar um personagem ou um animal, sem usar palavras. Todos os jogadores, um a um, deverão cruzar a "ponte", desenvolvendo cada um deles o argumento proposto, sempre se movendo sem falar nada, mas podendo emitir algum barulho. Depois que todos atravessarem a ponte, o grupo vai identificar cada personagem.

Os personagens podem ser um rei, um idoso com bengala, uma criança bem pequena, uma rainha, uma modelo, um cantor, um soldado, qualquer animal.

Transformações imaginárias – jogo de criatividade e improvisação

Cada jogador deverá estar com um objeto simples (lápis, caneta, estojo etc.). Em roda, cada jogador oferecerá seu objeto ao colega do lado direito e, em voz alta, deverá dizer qual é a função desse objeto. Por exemplo, um participante oferece ao colega um lápis e diz: "Aqui está um filhote de cachorro que encontrei na rua. Tenho certeza de que você é a pessoa mais adequada para cuidar dele". Quem receber o lápis que representa o filhote deverá pegá-lo como se, de fato, estivesse segurando um cachorrinho. Após um momento de reflexão e concentração, o jogador guardará o objeto recebido.

Cada jogador deverá apresentar uma improvisação ao grupo usando o objeto recebido e pensar bem no objeto que vai passar usando a criatividade e dizendo qual é a sua função.

TEMA 8

Conhecendo alguns elementos da dança

Observe a imagem a seguir.

The New York Public Library Digital Collections, 1978.

O dançarino Mikhail Baryshnikov em apresentação de dança.

A dança é uma das manifestações artísticas mais antigas, com o teatro e a música; é a arte de movimentar o corpo de maneira ritmada e harmoniosa, em geral acompanhado de música.

Os movimentos, na dança, podem ser preestabelecidos, ou seja, ensaiados (coreografia), ou improvisados, como no caso da dança livre.

A dança também pode ser praticada como forma de entretenimento ou atividade física, por pessoas de todas as idades, de maneira individual ou coletiva. Como manifestação artística, exige do praticante habilidades físicas, técnicas, intelectuais e interpessoais.

Breve história da dança

Podemos dizer que a dança surgiu na Pré-história. Pinturas rupestres indicam que homens e mulheres batiam os pés no chão e, aos poucos, perceberam que a intensidade dessas batidas tinha certo ritmo, o que lhes permitia criar sons variados. Depois, perceberam que, com as mãos, ao bater palmas, novos ritmos eram produzidos. Então, passaram a incorporar esses sons e os movimentos do corpo ao cotidiano – a dança em rituais para que tivessem colheitas e boa caçada, induzir a chegada da chuva, celebrar datas e eventos especiais, agradecer aos deuses, entre outras finalidades.

Acredita-se que as danças em grupo tenham surgido para ser usadas em rituais religiosos para agradecer aos deuses ou invocá-los – sabe-se disso por causa de registros dessas danças no Egito Antigo, há mais de 2000 a.C. Na Grécia, registros mostram as danças em comemorações de jogos olímpicos; no Japão, mantiveram o caráter religioso; e, em Roma, voltaram-se para as formas sensuais, em homenagem ao deus do vinho, Baco.

Amelipulen/Shutterstock

Música e dança em hieróglifo do Egito Antigo.

No Renascimento, nas cortes, as danças surgiram com caráter teatral, e pode-se dizer que foi nesse período que surgiram o balé e o sapateado, cujos figurino, cenário e música faziam parte da apresentação.

Foi no século XIX que surgiram as danças em pares, como o tango, a polca e a valsa; no século XX, surgiu o *rock in roll*, que revolucionou tanto a música como a dança.

Com a mistura de culturas pelo mundo todo, novas danças foram surgindo. No Brasil, por exemplo, surgiram o samba e o maracatu, de origem africana, entre outros estilos musicais, além do cateretê e do fandango, de origem indígena e europeia, respectivamente.

- O que você entende da dança como modo de expressão artística? Já havia pensado na possibilidade de se expressar artisticamente por meio da dança?

Assim como as artes visuais, o teatro e a música, a dança tem seus elementos.

Rawpixel.com /Shutterstock

Ilustração de 1820 de quadrilha dançada na corte francesa.

Os elementos da dança

Como qualquer linguagem artística, a dança tem seus elementos principais. São eles: movimento corporal, espaço e tempo.

Movimento corporal

São os movimentos básicos do corpo e as combinações entre eles, que podem ser divididos em:

- **movimento potencial:** são as pausas do movimento, ou seja, quando o corpo não se desloca no espaço;
- **movimento liberado:** são as deslocações do corpo no espaço;
- **família de movimentos:** são os movimentos organizados em grupos: transferências, locomoções, saltos, voltas, quedas e elevações.

Espaço

É o trajeto que o corpo realiza do início ao fim; é o local onde os movimentos acontecem.

O espaço envolve as direções (cima, baixo, lado, frente, trás e diagonais), as dimensões (pequeno, médio e grande), os níveis (baixo, médio e alto) e as extensões (perto, médio e longe).

O modo como bailarinos e dançarinos utilizam o espaço é o que cria a variedade de efeitos visuais e emocionais que costumamos ver em apresentações de dança.

Tempo

É a velocidade, a duração e o ritmo dos movimentos do corpo, que pode variar de acordo com cada estilo de dança e o objetivo de cada coreógrafo.

LIGANDO COM

MIKHAIL BARYSHNIKOV, UM GRANDE BAILARINO DA HISTÓRIA DA DANÇA

Mikhail Baryshnikov nasceu em 28 de janeiro de 1948, na Letônia, Rússia. Filho de pais russos, ingressou na escola de balé aos 12 anos e, em razão do sucesso, passou a se dedicar à dança desde então. Em 1963, foi admitido na escola de balé Vaganova, em São Petersburgo, e teve como professor Aleksandr Pushkin. Aos 18 anos, ingressou no Kirov Ballet como bailarino solo.

Baryshnikov era muito popular entre o público soviético, mas começou a ficar incomodado com as restrições oficiais que lhe eram impostas como artista, como a proibição de se apresentar em balés estrangeiros. Durante uma turnê de dança em Toronto, no Canadá, em junho de 1974, resolveu pedir asilo ao governo canadense. Depois disso, realizou inúmeras apresentações muito bem-sucedidas para o público estadunidense.

Como bailarino, a grande destreza física e a habilidade de salto insuperável permitiram-lhe executar as mais difíceis combinações de passos, com notável elegância.

Baryshnikov juntou-se ao American Ballet Theatre e dançou nessa companhia por quatro anos, período durante o qual coreografou os clássicos *O Quebra-Nozes* e *Dom Quixote*. Em 1990, criou o White Oak Dance Project, pequena companhia itinerante de bailarinos experientes, na qual atuou como diretor até 2002. Em 2005, fundou o Baryshnikov Arts Center, em Nova York, espaço que apoia artistas multidisciplinares de todo o mundo.

Além de bailarino, foi ator de cinema, estrelando os filmes *O ponto da viragem*, *Noites brancas*, *Isso é dança* e *Dançarinos*. Tem uma filha, Aleksandra Baryshnikova, nascida em 1981, fruto do relacionamento com a atriz Jessica Lange. Atualmente, mantém longa relação com a ex-bailarina Lisa Rinehart, com quem tem três filhos: Sofia, Anna e Peter. Atualmente, com quase 80 anos, é diretor de dança.

Ron Adar/Shutterstock

O bailarino Mikhail Baryshnikov.

Itinerante: termo de origem latina cujo significado está relacionado ao ato de se deslocar constantemente, percorrer itinerários, viajar.

Leia, assista, ouça, acesse, visite!

Assista

The Evolution of dance – 1950 to 2022 (*A evolução da dança – de 1950 a 2022*). Disponível em: https://www.youtube.com/watch?v=XpHnioELnGM. Acesso em: 10 dez. 2024.

FICHA

Na pasta que acompanha este livro, você encontra a ficha para desenvolver a atividade proposta.

• FICHA 17

Releitura da obra *A dança (II)*, de Henri Matisse

ATIVIDADE: Observe a obra *A dança (II)*, de Henri Matisse. Perceba os movimentos corporais, a posição de braços, cabeça, pernas e tronco. Na ficha, há um desenho igual ao da obra de Matisse. Pinte-o como quiser. Use a criatividade, acrescentando elementos ao fundo, se desejar. O material de pintura é livre. Você pode usar lápis de cor, caneta hidrocor, aquarela em pastilha ou, ainda, misturar dois materiais.

MATERIAL: material de pintura livre.

Museu Hermitage, São Petersburgo, Rússia.

A dança (II) (1910), de Henri Matisse. Óleo sobre tela, 260 cm × 391 cm.

Estudiosos de arte acreditam que a obra *A dança (II)*, de Henri Matisse, foi inspirada em uma dança de pescadores, que Matisse observou, em uma praia do sul da França. As formas dos dançarinos ocupam toda a tela e mostram movimento rítmico bastante expressivo.

Matisse limitou-se ao uso de três cores apenas: azul para o céu, verde para o chão e laranja para os corpos. Na obra, aparecem cinco personagens de mãos dadas formando uma roda. Os contornos sinuosos dos braços e das pernas transmitem energia, movimento e ritmo ondulado à composição.

Matisse foi um dos precursores do movimento Fauvista, palavra em francês que quer dizer "as feras".

O que é releitura?

Releitura, como a palavra diz, é "reler" o que o artista quis nos revelar em sua obra, independentemente do material utilizado. Pode ser feita não só em obras de arte visuais, mas também na música, na dança e na literatura.

A releitura em arte consiste em criar uma obra de arte tomando por base outra já existente. Embora se use o mesmo tema de uma obra original, não se trata de uma cópia, mas, sim, de realizar uma nova obra reproduzindo a original, com visão e cores pessoais, de interpretação própria.

Bsd studio/Shutterstock

Atividades em grupo sobre dança

Jogo de dança – 1

O professor vai colocar para tocar uma música instrumental.

Cada aluno deverá pegar um objeto qualquer e se movimentar ao ritmo da música, improvisando movimentos, deixando a imaginação fluir. Ao realizar os movimentos, procure usar diferentes planos, como alto, baixo, frente, trás, diagonal, além de diferentes intensidades, como lenta, rápida e moderada. O objetivo é explorar ao máximo todas as posições que seu corpo pode fazer.

Terminada a dança, sentados em roda, cada aluno deverá dizer uma ou duas palavras que represente sua experiência.

Jogo de dança – 2

Divididos em grupos, a turma pode montar uma apresentação de dança baseada em algum grupo de dança que conheçam. Para isso, cada grupo deve escolher uma música, criar uma coreografia e escolher o figurino. Para que a apresentação seja legal, devem fazer alguns ensaios. Alguns colegas de grupo que não gostem muito de dançar ou de se apresentar podem trabalhar na organização: cuidar da colocação da música, ajudar no figurino e na iluminação etc.

Redrangerstudio/Shutterstock

TEMA 9

A arte do circo

Observe a imagem da obra de arte a seguir.

Coleção particular/São Paulo

O circo (1942), de Fulvio Pennacchi. Óleo sobre madeira, 70 cm × 50 cm.

A chegada do circo em qualquer cidade é um momento de alegria. Um grande espetáculo de luzes e magia vai começar.

Palhaços fazendo estripulias; malabaristas com suas argolas pelo ar; mágicos realizando truques com suas cartolas; trapezistas voando de um lado para outro; luzes, música e muita alegria – tudo isso é o circo.

As artes circenses, com seu clima de emoção, agilidade, força e domínio perfeito dos saltos e dos equilíbrios de solo, já existiam desde a Antiguidade.

A história do circo

Save nature and wildlife/Shutterstock

O circo é o espetáculo artístico que representa parte importante de nossa cultura. Desde as civilizações mais remotas, os artistas acrobatas, os malabaristas, os ilusionistas, os palhaços e os trapezistas trazem diversão ao público do circo.

Há relatos de que, na China, por volta de 5000 a.C., havia acrobacias e malabarismos; desenhos de 4500 a.C. mostram treinadores de animais e acrobatas. No Egito, por volta de 2500 a.C., também havia pinturas com acrobacias e malabarismos. Em Cnossos, ilha da Grécia, havia uma parede pintada datada de cerca de 2400 a.C., com cenas que remetiam às apresentações circenses daquela época. Na Grécia Antiga, os artistas trabalhavam nas ruas e nas praças, mostrando habilidades de jogos de dardo e malabarismo.

Em Roma, o circo era um vasto espaço alongado em formato de U, construído para ser usado como pista de corrida para cavalos em bigas, trigas e quadrigas. Eram espetáculos para divertir o imperador. Havia também luta entre gladiadores. O circo romano mais antigo foi o Circo Máximo, que tinha capacidade para 150 000 espectadores.

O circo contemporâneo introduziu um modelo de espetáculo muito diferente do que existia, incorporando expressões das artes aliadas a números com grande precisão técnica. Em Londres, em 1768, um circo com números de acrobacia e cavalos foi inaugurado pelo inglês Philip Astley (1742-1814), que reuniu cavalos e cavaleiros em uma pista circular de 13 metros de diâmetro, chamada picadeiro.

A princípio, o espetáculo era equestre, com disciplina militar ao som de marchas. Mais adiante, Astley descobriu que a melhor maneira de agradar ao público era mostrando um *show* de variedades, com números de equilíbrio sobre arame, saltos e brincadeiras. Com isso, a dinâmica das apresentações no picadeiro foi se modificando, e outros números foram sendo incorporados, como o do trapézio de voos.

Save nature and wildlife/Shutterstock

Biblioteca Houghton, Harvard

Anfiteatro de Astley (1808), ilustração colorida do livro *Microcosm of London*, s/d.

O circo no Brasil

Ulien Tromeur/Shutterstock

No século XIX, a arte do circo chegou ao Brasil trazida por famílias vindas da Europa. Esses grupos se apresentavam em tendas, mostrando suas habilidades com números de malabarismo, mímicas, magias e fazendo graça para as pessoas rirem. Alguns povos ciganos se apresentavam mostrando suas habilidades com cavalos e truques de mágica.

Mantendo a característica itinerante, o circo também tinha como grande atração os palhaços, sempre muito falantes, com rostos pintados, vestidos com roupas largas e coloridas, sapatos maiores que os pés, recitando versos engraçados, ameaçando jogar água na plateia com baldes cheios, na realidade, de papel colorido picado, para diversão dos espectadores. Também foi introduzido no país, no início do século XX, o circo-teatro: atores encenavam peças teatrais após a apresentação dos números circenses tradicionais.

E assim o circo foi adaptando o espetáculo ao que mais agradava ao público brasileiro e, aos poucos, configurou-se como espaço de diversão e lazer.

Um dos circos que teve grande fama foi o Circo Nerino, criado por Nerino Avanzi. Sua primeira apresentação foi em Curitiba (PR), em 1913. Durante quase 52 anos, o circo percorreu vários pontos do país, levando diversos números circenses e consagrando três gerações do palhaço Picolino, interpretado inicialmente por Nerino, depois por seu filho e, por último, por seu neto. A arte circense sempre teve caráter familiar, com os artistas ensinando a profissão aos filhos.

Reprodução

Circo Tihany, fundado em 1954 em Jacareí, São Paulo.

Outro circo que se destacou no Brasil foi o Circo Tihany, criado pelo húngaro Franz Czeisler. A primeira apresentação do circo foi em 1954, em Jacareí (SP). Franz era mágico ilusionista, o que trouxe diferencial ao espetáculo. O Tihany cresceu, ficou muito famoso e realizou apresentações em mais de 50 países. Seus espetáculos comportavam 1 700 pessoas, e, em vez de picadeiro, o espetáculo era apresentado em um palco.

A grande marca dos circos sempre foi e continua sendo o palhaço, encarregado de provocar riso na plateia. Os principais palhaços brasileiros foram Piolin, Chimarrão, Arrelia e Carequinha.

Hoje, a arte circense também é ensinada em escolas. Uma das primeiras escolas de circo surgiu em São Paulo, a Academia Piolin, em 1978. Em 1982, foi aberta no Rio de Janeiro a Escola Nacional de Circo.

As emoções do circo também foram motivo de inspiração de muitos pintores e artistas. Observe, nas obras a seguir, as diferenças de abordagem do tema circo conforme a época e os locais onde foram produzidas.

Instituto de Arte de Chicago, EUA

No Circus Fernando, o Cavaleiro (1888), de Henri de Toulouse-Lautrec.
Óleo sobre tela, 98 cm ×161 cm.

Projeto Portinari

Circo (1957), de Candido Portinari.
Óleo sobre tela, 61 cm × 73,5 cm.

Museu Nacional de Belas Artes

O circo (1944), de Djanira da Motta e Silva.
Óleo sobre tela, 97 cm × 117,2 cm.

LIGANDO COM

O GRANDE PALHAÇO PIOLIN

Abelardo Pinto, conhecido pelo nome artístico Piolin, nasceu em 27 de março de 1897, em Ribeirão Preto, São Paulo. Foi contorcionista, acrobata, ciclista, músico (tocava violino e bandolim) e, por volta de 1917, passou a fazer o palhaço Careca. Mas logo mudou para Piolin, "barbante" em espanhol, nome que surgiu em uma brincadeira com suas pernas finas; em 1929, Abelardo o incorporou a seu nome de batismo, tornando-se Abelardo Pinto Piolin.

Piolin começou a fazer sucesso no Circo Irmãos Queirolo, no início dos anos 1920. Em 1925, associou-se a Alcebíades Pereira e com ele, no Largo do Paissandu, viveu sua fase de glória. O presidente Washington Luiz era seu fã e tinha cadeira cativa todas as quintas-feiras no circo, e os modernistas, outros fãs assíduos, escreviam frequentemente sobre ele em jornais e revistas.

Durante mais de trinta anos, Piolin teve seu circo armado em locais de São Paulo. Em 1972, numa iniciativa de Pietro e de Lina Bo Bardi, organizadores da exposição do cinquentenário da Semana de Arte Moderna, o Circo Piolin foi armado no Belvedere do Museu de Arte de São Paulo (Masp). Nesse mesmo ano, em 27 de março, data do aniversário de Piolin, foi declarado oficialmente o Dia do Circo. As homenagens animaram Piolin, que comprou um circo e começou a viajar, mas teve de parar por problemas de saúde.

Abelardo Pinto Piolin morreu em 4 de setembro de 1973.

Fonte: *Piolin*. Disponível em: https://capital.sp.gov.br/web/cultura/w/memoria_do_circo/largo_do_paissandu/7142. Acesso em: 10 dez. 2024.

Memória do Circo/Pref. SP

Abelardo Pinto, conhecido como palhaço Piolin.

Leia, assista, ouça, acesse, visite!

Assista

- *Em SP, companhias e artistas celebram o circo em espetáculo gratuito*. Disponível em: http://tvbrasil.ebc.com.br/node/139332.
- *A história do circo e do palhaço Piolin*. Disponível em: https://www.youtube.com/watch?v=BY3N12aCnGs?

Acessos em: 10 dez. 2024.

Visite

Centro de Memória do Circo. Av. São João, 473 – Centro, SP. *Site*: https://memoriadocirco.org.br/. Acesso em: 10 dez. 2024.

FICHA

Na pasta que acompanha este livro, você encontra a ficha para desenvolver a atividade proposta.

• FICHA 18

Como vejo o circo – desenho e pintura

ATIVIDADE: Observe as obras de arte que aparecem em seu livro. Elas foram pintadas em períodos distintos e por artistas diferentes, porém todas têm o mesmo tema: o circo.
Se você já assistiu a um espetáculo de circo, procure se lembrar do que viu e faça um desenho, assim como os artistas do livro; se ainda não teve a oportunidade de ir a um circo, faça um desenho usando as obras do livro como referência. Para pintar, use o material que achar mais conveniente para seu desenho.

MATERIAL: lápis grafite, borracha e material de pintura livre.

Sugestão de atividade extra

Que tal organizar na escola um Dia do Circo? Cada aluno pode escolher de que modo quer participar: como apresentador, malabarista, mágico, equilibrista, um número de dança etc.

Com o professor, escolham um espaço e preparem o picadeiro (onde são feitas as apresentações circenses); decore-o com fitas de papel coloridas.

As apresentações podem acontecer em horário combinado, para alunos dos Anos Iniciais ou para outros alunos do Anos Finais.

Apontem a câmera do celular para o QR Code a seguir e ouçam uma música que pode servir de abertura para a apresentação.

TEMA 10

Conhecendo alguns elementos do teatro

Observe a imagem da cena de um espetáculo de teatro.

Zuma Press/Fotoarena

Cena do espetáculo *Romeu e Julieta*, de William Shakespeare. Teatro alla Scala, Milão, Itália.

Você já foi ao teatro? Que tipo de peça era? De que você se lembra dessa experiência? Compartilhe sua experiência com os colegas.

No teatro, os atores se expressam por meio do verbal, do não verbal e da ação física. Os processos de produção teatral passam pela criação coletiva e colaborativa, caracterizados pela interação entre atores e espectadores. Na composição das cenas, diferentes elementos são envolvidos, entre eles figurinos, adereços, cenário, iluminação e sonoplastia.

O espetáculo de teatro também não acontece sem um planejamento, que se constitui em uma sequência de ações até que se chegue ao resultado final, que será apresentado ao público.

Elementos da linguagem teatral

Para que o teatro aconteça, são necessários vários elementos e o trabalho de várias pessoas, muitas das quais não participam da cena teatral propriamente dita, mas são fundamentais para que o espetáculo se realize.

Cenário e cenógrafo

O cenário tem a função de compor o visual da peça para dar a noção de onde ela acontece e/ou criar a ambientação do texto dramático. Nem sempre é um ambiente criado. A peça teatral pode acontecer em ambiente natural.

O cenário é parte importante do espetáculo, pois ambienta e ilustra o espaço/tempo, materializando o imaginário e aproximando o público da encenação. Sua montagem pode exigir o trabalho de marceneiros, carpinteiros, tapeceiros, pedreiros, pintores etc.

O profissional que cria o cenário é o cenógrafo. Ele pode atuar no teatro, no cinema, na televisão, em espetáculos de música e até em exposições de artes visuais.

Kozlik/Shutterstock

Dois atores em cena.

Figurino e figurinista

O figurino é o elemento de composição visual dos personagens. Roupas, chapéus, máscaras e outros adereços o compõem. O figurino ajuda na caracterização dos personagens do texto teatral, dando-lhes a identidade necessária para atingir os objetivos e as características da história.

O figurinista é o responsável pelas roupas e pelos acessórios utilizados na peça teatral.

Mauro Akiin Nassor/Fotoarena

Espetáculo *A comida de Nzinga*, Teatro Sesc Pelourinho, Salvador (BA).

Maquiagem e maquiador

Na composição dos personagens, a maquiagem é fundamental. Ela pode ser somente no rosto ou no corpo todo dos atores. A maquiagem ajuda a composição do elemento simbólico do personagem e potencializa a expressividade dos atores.

O profissional responsável pela maquiagem é o maquiador. Sua função é valorizar os aspectos importantes para a compreensão do personagem.

KinoMasterskaya/Shutterstock

Maquiadora maquia ator para interpretar personagem.

Sonoplastia e sonoplasta

A sonoplastia cria os elementos sonoros que vão compor as cenas. Acaba sendo um roteiro de sons que caminha paralelamente com o texto teatral, criando atmosferas cênicas para ressaltar as situações vividas pelos personagens.

Sonoplasta é aquele que trabalha com o som e faz funcionar os ruídos e os sons de um espetáculo teatral.

Shutterstock

Iluminação e iluminador

A iluminação compõe, com o cenário e o figurino, as cenas do espetáculo e ajuda a determinar a marcação das cenas, pois pode direcionar o olhar do espectador para determinado ponto do palco, enquanto em outro ponto ocorrem alterações de cenário. Pode indicar, ainda, a passagem do tempo: escuro quando é noite, e claro, ao amanhecer.

A iluminação trabalha com cores, pois utiliza refletores com luzes brancas e coloridas.

O iluminador é o profissional que cuida dessa parte do espetáculo cênico. Ele concebe e planeja a colocação das luzes em uma peça teatral e, para isso, precisa conhecer o texto e as marcações de cena determinadas pelo diretor do espetáculo.

Aloisio Mauricio/Fotoarena

Ensaio aberto da peça infantil *Que monstro te mordeu?*, Teatro do Sesi, São Paulo.

Materiais e equipamentos para fazer teatro

Para montar uma peça teatral, são fundamentais alguns equipamentos:

1. sistema de iluminação fixa e móvel;
2. microfones direcionais de alta sensibilidade;
3. alto-falantes;
4. roupas, fantasias, tecidos, perucas e adereços;
5. cosméticos para maquiar os atores;
6. materiais para cenografia (móveis e objetos diversos).

Etapas de uma montagem teatral

A montagem de uma apresentação teatral é um processo com várias etapas. Veja a seguir as principais:

1. escolha do texto teatral;
2. seleção do diretor e do elenco (atores e atrizes), conforme os personagens do texto;
3. leitura do texto e ensaios;
4. marcação das cenas (como os atores vão se comportar de acordo com as cenas);
5. elaboração do cenário e dos figurinos;
6. elaboração do som e da iluminação;
7. ensaios finais com cenário, figurinos, iluminação e som.

Os ensaios sempre são vários, porque é preciso ir ajustando a interpretação dos personagens, o ritmo das falas e das cenas. Algumas vezes, o texto teatral já apresenta as indicações das marcações das cenas, que são as rubricas. Muitos autores teatrais utilizam esse recurso para dar indicação da posição do personagem (sentado, em pé, ajoelhado), de seu estado de espírito (alegre, triste, bravo, entediado), das situações que acontecem em cena (barulho de chuva, sirene de polícia, abrir e fechar de portas).

As rubricas aparecem no texto escritas entre colchetes, em itálico ou em negrito.

Montagem de um trecho de *Romeu e Julieta*

Essa peça é uma tragédia escrita por William Shakespeare entre os anos de 1591 e 1595. Ela retrata dois adolescentes cuja morte une as famílias que outrora viviam em pé de guerra. A peça está entre as mais famosas de Shakespeare e já foi levada aos palcos de todo o mundo, apresentada na versão original para teatro ou como musical.

As duas famílias em questão são os Capuleto e os Montecchio. Os jovens Julieta, filha única dos Capuleto, e Romeu, filho único dos Montecchio, se apaixonam, mas as famílias, por causa das diferenças, não aceitam o romance entre eles. Frei Lourenço entra em ação para unir os jovens.

Na leitura da peça, há os termos "prólogo", "cena" e "entreato".

- **Prólogo:** é a cena inicial que apresenta a peça ao público.
- **Cena:** é a subdivisão da peça.
- **Entreato:** é o intervalo entre duas cenas, geralmente representado pelos mesmos personagens que fazem o prólogo.

Preste a atenção às rubricas do texto teatral.

Zuma Press/Fotoarena

Apresentação da peça *Romeu e Julieta*, China.

ROMEU E JULIETA

NARRADOR: 1

PERSONAGENS (16)

- 8 femininos: Julieta, Senhora Capuleto, Senhora Montecchio, Rosalina (ex-namorada de Romeu), Ama (de Julieta), Princesa, Malvina e Lucrécia (duas criadas dos príncipes).
- 8 masculinos: Romeu, Frei Lourenço, Mercucio, Teobaldo, Capuleto, Benvólio, Príncipe, Montecchio.

Sendo das famílias rivais: Capuleto: Julieta, Teobaldo (primo de Julieta), a Mãe e o Pai. Montecchio: Romeu, Benvólio, Mercucio (sobrinho do príncipe de Verona), Pai e Senhora Montecchio. Ajudam Romeu e Julieta: Frei Lourenço, Rosalina e Ama.

PRÓLOGO

NARRADOR EM *OFF* – Na cidade de Verona, Itália, viviam duas famílias inimigas, Montecchio e Capuleto. Os Montecchio tinham um filho chamado Romeu. Os Capuleto, uma filha chamada Julieta. A cidade era governada pelo Príncipe, que, para ver o fim da briga das duas famílias, obriga os Capuleto a convidarem a família inimiga para o baile de máscaras em comemoração aos 15 anos de Julieta.

Cena 1 (No baile de máscaras na casa de Julieta.)

AMA – Já preparei tudo, senhora Capuleto.

SENHORA CAPULETTO – Tens certeza, Ama?

AMA – Sim, mas onde estará Julieta?

SENHORA CAPULETO – Veja, está chegando aí. Linda máscara, filha.

JULIETA – Mamãe, estou muito feliz. Ótima ideia de comemorar meus quinze anos com um baile de máscaras. Mas... e os convidados?

SENHORA CAPULETO – Já chegarão, minha filha. Mandei distribuir convites para todas as famílias.

AMA – Até para os Montecchio?

SENHORA CAPULETO – O Príncipe praticamente nos obrigou. Disse que seria bom para aproximarmos.

JULIETA – Que bom, mamãe! A briga das famílias é um tormento para toda Verona.

SENHORA CAPULETO – Não creio que virão.

(Chegam Romeu, seus pais e Benvólio com máscaras.)

SENHORA CAPULETO – Boa noite, senhores. Sejam bem-vindos. Quem são?

MONTECCHIO – Só poderemos revelar mais tarde. Afinal, num baile de máscaras...

SENHORA CAPULETO – Pois é!

MONTECCHIO – Meu filho, vim a esta festa só por insistência tua.

BENVÓLIO – Acalme-se, senhor Montecchio. Vamos nos divertir.

(Chegam os Príncipes com o sobrinho Mercucio.)

PRÍNCIPE – Parabéns a todos pelo lindo baile.

PRINCESA – Estou feliz de ver todas as boas famílias de Verona confraternizando juntas.

(Todos aplaudem, meio a contragosto. Chegam Capuleto e seu sobrinho Teobaldo.)

TEOBALDO – Viste, senhor Capuleto, quem veio à festa?

CAPULETO – Sei, são os Montecchio. Mas te acalma, temos que aceitar a presença deles.
Afinal os príncipes praticamente nos obrigaram a convidá-los.

(Música. Todos dançam. Romeu tira Julieta para dançar. Quando vão beijar-se a Ama interrompe.)

AMA – Senhora, sua mãe está a chamá-la.

JULIETA – Sim, adeus, meu caro mascarado. ***(Sai.)***

ROMEU – Minha cara senhora, quem era a moça com quem acabei de dançar?

AMA – É Julieta, a filha do senhor desta festa.

ROMEU – Destino! Meu amor nascido de meu mais terrível ódio.

(Todos saem do baile. Julieta fala com a Ama.)

JULIETA – Ama. Quem era o mascarado com quem estava a dançar?

AMA – Ah, senhora. Era Romeu, um Montecchio.

JULIETA – Leve este bilhete a ele. Peça que se encontre comigo amanhã, depois do pôr do sol.

AMA – Sinto que isto não dará certo...

(Luz apaga. Música. Fim do Baile.)

Cena 2 (Romeu no balcão do quarto de Julieta.)

NARRADOR EM *OFF*: No dia seguinte ao pôr do sol, Romeu vai ao encontro de Julieta. Os jovens apaixonados juram amor eterno.

ROMEU – Aqui estou como combinado. Aquela é Julieta?

(Julieta aparece na janela.)

JULIETA – ***(sem ver Romeu.)*** Romeu, Romeu! Ah! Por que és um Montecchio? Mas como estou apaixonada... ***(Julieta, enfim, vê Romeu.)*** Como conseguiste entrar?

ROMEU – Pulei o muro. Está escuro, e teus parentes não conseguiriam me ver.

JULIETA – Se pegam podem te matar!

ROMEU – O que me mata é o amor que sinto por ti.

JULIETA – Tu me amas de verdade?

ROMEU – Juro pela lua.

JULIETA – A lua? A lua muda de fase todas as semanas. Não jures pela lua. Não jures por nada, só por ti mesmo.

ROMEU – Então eu juro por meu coração...

JULIETA – Para! Não jures.

ROMEU – Então eu saio daqui sem um beijinho?

JULIETA – Só depois de casada.

ROMEU – Então vamos nos casar. Amanhã mesmo falaremos com Frei Lourenço e vamos nos casar.

JULIETA – Sim, eu aceito. Vou me encontrar contigo amanhã por volta das dez da manhã. ***(A Ama chama dentro.)*** Adeus, Romeu. Estão me chamando. ***(Sai.)***

ROMEU – Oh! Que noite abençoada! Tenho medo. Este sonho é bom demais para ser realidade.

Cena 3 (Frei Lourenço recebe Romeu e Julieta.)

ROMEU – Caro amigo Frei Lourenço, estamos aqui, eu e Julieta, para nos casarmos.

FREI LOURENÇO – Mas que loucura! Vocês são dois jovens adolescentes.

JULIETA – Meu amor é muito grande e não posso controlá-lo.

ROMEU – O meu também.

FREI LOURENÇO – Mas vossas famílias são rivais.

JULIETA – Trouxemos duas testemunhas.

(Entram a Ama e Rosalina para espanto do Frei.)

FREI LOURENÇO – Vejo que estão decididos. Vocês serão testemunhas.

AMA – Sim, quero ver feliz a minha senhora.

ROSALINA – Romeu apaixonou-se por Julieta e não há nada que os separe. Queremos ajudá-los.

FREI LOURENÇO – Farei o casamento. Isso poderá aproximar as duas famílias. E é importante que Deus dê o consentimento para que o amor possa se tornar digno e aceito. ***(Música para o casamento. Não Marcha Nupcial. Ao final todos se abraçam.)***

ENTREATO

MALVINA – Lucrécia, tu viste quem acabou de sair da igreja?

LUCRÉCIA – Sim. Eram Romeu e Julieta.

MALVINA – Eles estavam namorando! Isto vai dar o maior problema. As duas famílias não vão aceitar.

PRINCESA – ***(Chegando.)*** Onde vocês duas estavam? Preciso de sua ajuda para carregar umas compras que fiz.

LUCRÉCIA – Sim, princesa.

MALVINA – A senhora sabe quem estava agora mesmo namorando?

LUCRÉCIA – Romeu e Julieta. Montecchio e Capuleto juntos.

PRINCESA – É mesmo? Contem mais...

(As três saem conversando. Música.)

Cena 4 (Na rua, estão Teobaldo, Mercucio e Romeu.)

TEOBALDO – Bem se vê que esta praça está mal frequentada.

MERCUCIO – A quem te refere, Teobaldo?

TEOBALDO – A ti e à família dos Montecchio.

ROMEU – Estás a me ofender? Porém, por ti não posso ter ódio.

MERCUCIO – Mas eu tenho. Venha com tua espada que eu defenderei tua honra. ***(Brigam Teobaldo e Mercucio. Romeu tenta separar, e Mercucio é morto.)***

MERCUCIO – Estou lançando uma maldição. Que todos vocês, Montecchio e Capuleto, paguem por seu ódio. ***(Morre.)***

ROMEU – Seu caça-ratos. Verás o aço de minha vingança. ***(Romeu luta e mata Teobaldo. Chegam Benvólio e o Montecchio.)***

MONTECCHIO – Meu filho, o que fizeste?

ROMEU – Papai, Benvólio, me ajudem a levar os corpos para um lugar escondido.

MONTECCHIO – Sim, meu filho, rápido. ***(Ajuda a tirá-los de cena.)***

ROMEU – E agora, o que farei?

BENVÓLIO – Fuja para Mântua, caro Romeu. Aqui tu serás perseguido pelos Capuleto.

MONTECCHIO – Conversarei com o príncipe e explicarei que houve um duelo e defendeste a honra de Mercucio. Vá, meu filho.

ROMEU – ***(Saindo.)*** Preciso encontrar-me com Julieta...

(Saem. Música e blackout).

Cena 5 (Após uma noite de amor, Romeu foge, e Julieta recebe a má notícia.)

(Quarto de Julieta. Entram Romeu e Julieta.)

JULIETA – Já vais partir? O dia ainda está longe. Não foi a cotovia, mas apenas o rouxinol que cantou.

ROMEU – Foi a cotovia, não foi o rouxinol. O rouxinol canta de madrugada, e a cotovia, de manhã. Já é de manhã.

JULIETA – Não é dia ainda. Espera.

ROMEU – Tu queres que me prendam? Se me encontrarem aqui vão me matar.

JULIETA – É dia; foge! Depressa!

(Entra a Ama, e Romeu despede-se e sai.)

AMA – Senhora, vossa mãe se dirige para cá. Romeu já foi. Ah, que bom! ***(Sai.)***

SENHORA CAPULETO ***(Dentro.)*** – Ó filha! Filha! Já estás de pé? Então, Julieta, como estás?

JULIETA – Mãe, não estou boa.

SENHORA CAPULETO – Ainda estás chorando a morte de teu primo Teobaldo?

JULIETA – Ah, sim. Deixai-me chorar.

SENHORA CAPULETO – Sim, menina; mas não deverias chorar pela morte dele e sim porque está vivo o miserável que o matou.

JULIETA – Que miserável, minha senhora?

SENHORA CAPULETO – Esse vilão Romeu. É que esse biltre, esse assassino, ainda está com vida.

JULIETA – Sim, e longe do alcance destas mãos. Oh! Se eu pudesse vingar a morte do meu querido primo!

SENHORA CAPULETO – Ainda haveremos de vingá-lo; por isso não te aflijas. Mas agora vim trazer-te notícias mais alegres.

JULIETA – Vem a tempo. Que notícias são essas?

SENHORA CAPULETO – Bem, bem, menina; tens um pai zeloso, que para te livrar dessa tristeza planejou um dia de alegria como nem tu esperas, nem eu própria poderia pensar.

JULIETA – Mas, senhora, que dia será esse?

SENHORA CAPULETO – Filha, vê só! Na quinta-feira próxima, na igreja de São Pedro, o conde Páris, moço valente e nobre, para sua alegria, te fará finalmente uma alegre noiva.

JULIETA – Ora, por essa igreja de São Pedro, e por São Pedro, não fará de mim noiva alegre.

SENHORA CAPULETO – Aí vem vosso pai; dizei-lhe tudo isso vós mesma e vede as consequências.

(Entram Capuleto e a Ama.)

CAPULETO – Então, mulher: falastes a respeito de nossa decisão?

SENHORA CAPULETO – Sim, conversamos. Ela, porém, não concorda com isso.

CAPULETO – Como! Não quer se casar?

JULIETA – Não!

SENHORA CAPULETO – Ora essa! Estais maluca?

JULIETA – Bondoso pai, de joelhos vos suplico... uma palavra.

CAPULETO – Tipo desobediente! Já te mostro. Vai quinta-feira à igreja ou não me encares nunca mais, nunca mais! Não me repliques coisa nenhuma. Basta! Não me fales. Sua rapariga...

AMA – Deus do céu que a ampare! Procedeis mal, senhor, por insultá-la desse modo.

CAPULETO – Por que, dona "prudência"? Sua velha fofoqueira!

AMA – Não disse nada de mal.

CAPULETO – Quieta, velha resmungona. Velha tonta! ***(Saem os pais, Julieta chora.)***

Cena 6 (Rosalina e a Senhora Montecchio.)

ROSALINA – Senhora Montecchio. Mais um mal se abateu na cidade de Verona.

SENHORA MONTECCHIO – O que foi, Rosalina?

ROSALINA – Romeu, seu filho, acaba de matar em duelo a Teobaldo, sobrinho dos Capuleto.

SENHORA MONTECCHIO – E onde se encontra meu Romeu?

ROSALINA – Teve que fugir para Mântua. Mas o príncipe vai perdoá-lo, pois defendeu a honra de Mercucio.

SENHORA MONTECCHIO – E nós, mulheres, não podemos fazer nada?

ROSALINA – Senhora, a sina das mulheres de nossa época é esperar que os homens tudo façam, a nós nos resta esperar. Porém Julieta é diferente. Julieta casou-se em segredo com Romeu.

SENHORA MONTECCHIO – Como sabes?

ROSALINA – Estive presente...

(Enquanto Rosalina explica, música. E as duas saem.)

Cena 7 (Julieta vai até a igreja pedindo ajuda ao Frei.)

JULIETA – Padre, meu pai quer obrigar-me a casar com quem não amo. O que farei?

FREI LOURENÇO – Tenho que ajudá-la, não podes te casar, pois já estás casada.

JULIETA – Prefiro morrer.

FREI LOURENÇO – Escuta: vai para casa e dize que estás disposta a se casar com o conde. Amanhã à noite, deita-te sozinha, sem que a ama fique no quarto. Então bebe esta poção. Tu vais parecer morta. Como é costume em nossa terra, tu serás sepultada no antigo túmulo dos Capuleto. Eu vou mandar uma carta para Romeu, em Mântua. Ele vem te pegar, e os dois podem fugir para aquela cidade.

JULIETA – Me dê o veneno! Mas se Romeu não puder ser avisado?

FREI LOURENÇO – Eis aqui. Vou mandar agora mesmo a carta para teu marido.

JULIETA – Está bem. Adeus, meu caro padre.

(Saem e depois entra Julieta. Monólogo.)

JULIETA – Adeus, mundo. Por um tempo estarei morta. Será que terei coragem de tomar este veneno? ***(Põe de lado um punhal.)*** E se o Padre quiser me matar mesmo? Não, ele não faria isso. Ele é um homem de Deus. Sempre me ajudou. ***(Pensa no túmulo.)*** Ah, eu vou ter que ficar no túmulo da família. Teobaldo está lá. Que medo! Mas vou tomar a poção. O amor que sinto por Romeu é mais forte. Romeu, bebo isto por tua causa. ***(Cai sobre o leito, para dentro das cortinas.)***

Cena 8

NARRADOR EM *OFF* – Julieta, aparentemente morta, é levada para a cripta por Frei Lourenço, a família de Julieta e a Ama. Romeu chega à cripta e pensa que Julieta está morta.

ROMEU – Querida Julieta, corri de Mântua até aqui para te ver. Disseram-me que tinhas morrido. E o que vejo é verdade. Tomarei este veneno que comprei e te acompanharei no teu sonho de morte. ***(Morre.)***

(Julieta acorda.)

JULIETA – É aqui que deveria estar. Mas agora estou livre para Romeu. ***(Vê Romeu e vê o veneno.)*** Meu querido, não recebeste a carta de Frei Lourenço? O veneno... tomaste tudo. Quem sabe sobrou um pouco em teus lábios? Ainda estão quentes. ***(Pega o punhal.)***
Punhal, serei tua bainha... ***(Suicida-se.)***

Cena 9 (Chegam todos tristes à cripta.)

FREI LOURENÇO – Pobre casal! Romeu não recebeu minha carta e, pensando que Julieta estivesse morta, bebeu veneno. A moça resolveu acompanhá-lo, matando-se com uma adaga.

PRÍNCIPE – Capuleto! Montecchio! Vede como sobre vosso ódio a maldição caiu e como o céu vos mata as alegrias, valendo-se do amor.

PRINCESA – Fomos todos punidos pelo ódio.

CAPULETO – Dá-me tua mão, senhor Montecchio; é o dote de minha filha. Mais não posso pedir.

MONTECCHIO – Mas eu posso dar mais, pois hei de mandar fazer a estátua dela do mais puro ouro. Enquanto for Verona conhecida, nenhuma imagem terá tanto preço como a da fiel Julieta.

CAPULETO – Romeu também fama dará à cidade; são vítimas de nossa inimizade.

PRÍNCIPE – Esta manhã nos trouxe paz sombria: esconde o sol, o rosto. Ide, falai dos fatos deste dia.

PRINCESA – Sereis clementes, ou rijos, a contragosto, que há de viver de todos na memória de Romeu e Julieta, a triste história.

(Saem todos. Ficando Romeu e Julieta deitados. Música. Luz em resistência.)

Trecho da adaptação de Jarbas Griebeler da obra de Shakespeare. Disponível em: https://www.teatronaescola.com/index.php/banco-de-pecas/item/romeu-e-julieta-adaptacao-da-obra-de-willian-shakespeare. Acesso em: 11 dez. 2024.

LIGANDO COM

WILLIAM SHAKESPEARE, UM DOS MAIORES DRAMATURGOS

O poeta e dramaturgo inglês William Skakespeare (1564-1616) é considerado uma das maiores personalidades da literatura de todos os tempos, além de um dos principais expoentes do Renascimento inglês.

Seu pai era um rico comerciante, enquanto a mãe adotava o brasão de uma pequena nobreza latifundiária. Em 1582, aos 18 anos, Shakespeare se casou com Anne Hathaway, proveniente de uma família camponesa. Tiveram três filhos.

Entre 1585 e 1592, Skakespeare começou uma bem-sucedida carreira de ator e escritor em Londres. Sua produção artística inclui dramas históricos, comédias e tragédias, como *Hamlet*, *Rei Lear* e *Macbeth*.

Foi poeta e dramaturgo respeitado em seu tempo, mas sua reputação atingiu o nível máximo no século XIX. No século XX, sua obra foi redescoberta repetidamente por novos movimentos e permanece popular até hoje. Skakespeare influenciou a dramaturgia romântica, sobretudo com a tragédia *Romeu e Julieta*, sua obra mais famosa.

National Portrait Gallery, Londres

Retrato de William Shakespeare (1610), de John Taylor. Óleo sobre tela, 55,2 cm × 43,8 cm.

Shutterstock

Encenação de *Hamlet*, de William Shakespeare, em Moscou.

FICHA

Na pasta que acompanha este livro, você encontra as fichas para desenvolver as atividades propostas.

• FICHA 19

Quem é o personagem? – trabalhando com identidades – teatro

ATIVIDADE: Durante a leitura deste tema, conhecemos um pouco sobre o teatro. Os atores interpretam os personagens para que o espetáculo aconteça. Na ficha, há quatro atores caracterizados como personagens. Complete o que se pede sobre cada um deles.

MATERIAL: lápis grafite e borracha.

• FICHA 20

Espaço para esboço de figurinos e cenários – teatro

ATIVIDADE: Esta ficha é para você fazer esboços de figurino de seu personagem ou da função que você tiver na apresentação de uma peça (cenário, sonoplastia, iluminação). Se sua função for cuidar do som, pesquise e anote músicas da época em que a peça foi escrita.

MATERIAL: lápis grafite, borracha e lápis de cor.

TEMA 11

Arte gótica – a busca pelo divino

Observe a imagem da catedral do período gotico a seguir.

Neirfy/Shutterstock

Catedral de Saint Gatien em estilo gótico, cuja construção data de 1170 a 1547, ano de sua inauguração. Tours, França.

No século XIII, surgiu, na Europa, o estilo gótico, que se manifestou na arquitetura, na pintura e na escultura. Sua influência está registrada em igrejas e outras edificações, até mesmo fora da Europa. Foi um estilo que trouxe grandes avanços tecnológicos na arquitetura e novos estilos na pintura e na escultura.

Shutterstock

A arte gótica

O estilo gótico nasceu no século XIII, na França; em seguida, espalhou-se pela Europa, chegando à Espanha, à Inglaterra, à Alemanha e à Itália.

Na França, dividiu-se em três momentos. O primeiro, ocorrido a partir da segunda metade do século XII até o século XIII, foi a época em que apareceram retratados a fé, o amor e o entusiasmo, influenciados pela ordem política e pelo período de paz durante o reinado de Luís IX.

A construção da Catedral de Notre-Dame, em Paris, é desse período. Iniciada em 1163, é um dos mais belos exemplares da época. Em abril de 2019, um incêndio destruiu parte desse magnífico monumento histórico. Após cinco anos e meio de reforma, a catedral foi reaberta ao público em dezembro de 2024.

Veja, nas imagens a seguir, alguns ângulos da Catedral de Notre-Dame antes do incêndio de 2019.

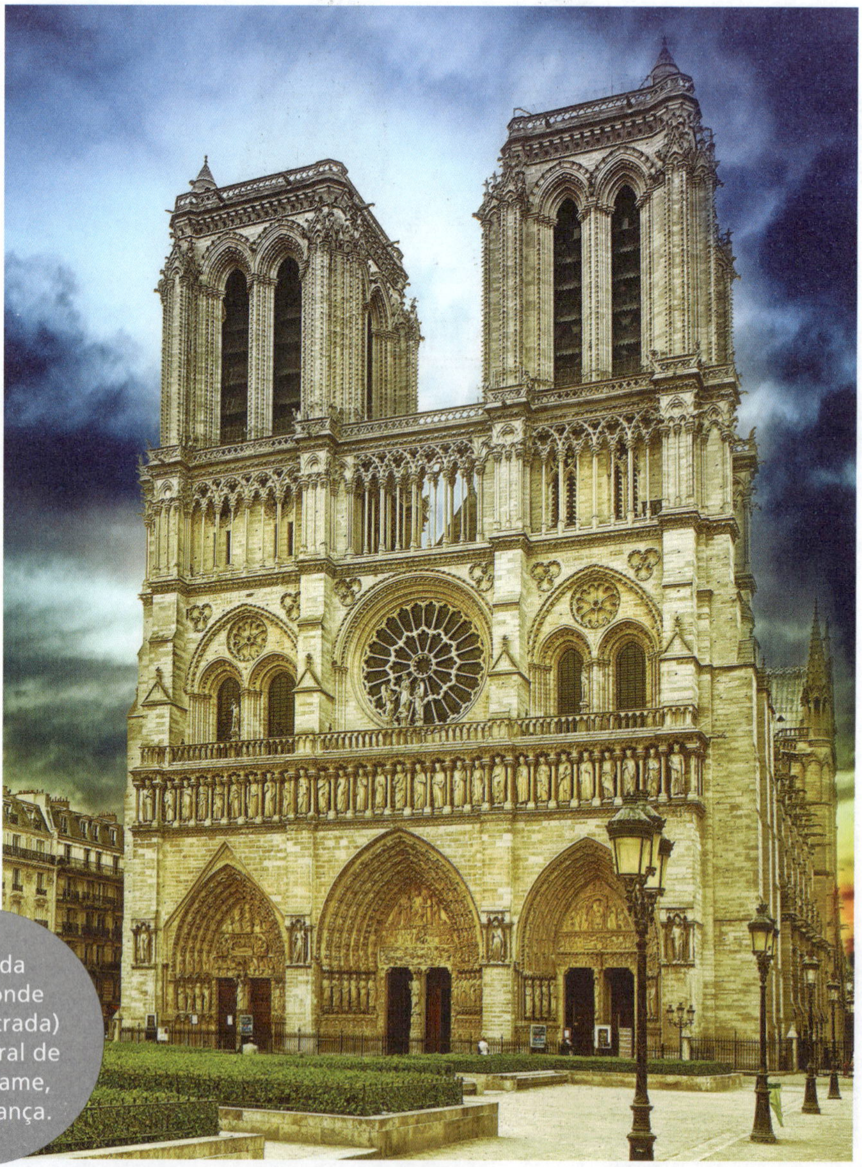

WDG Photo/Shutterstock

Fachada oeste (onde fica a entrada) da Catedral de Notre-Dame, Paris, França.

V_E/Shutterstock

Vista interna da Catedral de Notre-Dame.

Harmonia Amanda

Vista lateral da Catedral de Notre-Dame.

O segundo momento vai do século XIV até a primeira metade do século XV, marcado pelas grandes preocupações morais e econômicas refletidas na arte. Surgiram os ornamentos florais, que lembram o formato de uma chama.

O terceiro momento ocorreu na segunda metade do século XV, quando se deixou de lado o grande envolvimento religioso. Nesse período, os trabalhos artísticos eram feitos em equipe, com mestres. Não havia espaço para criações individuais. O artista era considerado trabalhador manual, artesão habilidoso, capaz de trabalhar metais, entalhar madeira, esculpir pedras e, assim, obter belas imagens.

Foi somente por volta dos séculos XV e XVI que cada artista pôde se projetar individualmente. Portanto, as obras de arte deixaram de fazer parte de uma produção anônima, feita com a colaboração de vários autores, e passaram a ser assinadas pelos artistas.

A arquitetura gótica

Nicho: reentrância ou vão de parede ou de muro.

Teológico: estudo crítico da natureza do divino, de seus atributos e de sua relação com o homem.

A arquitetura gótica foi fruto de uma nova sensibilidade, que encontrou linguagem expressiva na verticalidade e no naturalismo, em elementos construtivos, voltados sempre para o simbolismo teológico.

A intenção da construção era dar ao visitante a ideia de estar em um espaço que ascendia, aproximava-se de Deus, chegando ao céu.

Sergii Rudiuk/Shutterstock

Vista externa da Sainte-Chapelle, em Paris, França.

O verticalismo e as amplas janelas simbolizavam a vontade de se aproximar de Deus, e a luz das janelas trazia a ideia do "paraíso" e acentuava a fé popular.

A forte verticalidade dos edifícios góticos favoreceu a evolução de técnicas construtivas e o uso de novos materiais.

As igrejas tinham amplos vitrais, recobertos de cenas pictóricas, e, na fachada, ampla rosácea ou elemento em forma de rosa finamente trabalhado. Os portais tinham função especial, pois eram recobertos de esculturas nos nichos.

Avançando no século XII, o gótico tornou-se repleto de motivos decorativos. Apareceram nesse estilo a Catedral de Reims (perto de Paris), a Sainte-Chapelle (em Paris) e a Catedral de Colônia (na Alemanha).

ElRoce/Shutterstock

Vitrais no interior da Sainte-Chapelle.

Na Itália, o verticalismo era menos acentuado e havia menos arcos e pináculos. São exemplos as igrejas de São Francisco de Assis, na cidade de Assis; Duomo de Siena, em Siena; Santa Maria Novella e Santa Cruz, em Florença; e Santo Antônio de Pádua, em Pádua.

Paralelamente às catedrais, foram construídos edifícios públicos, palácios e castelos, em consequência da nova urbanização. Surgiram, ainda na Itália, algumas praças principais, centros da vida comunitária e praças religiosas, como as praças de Siena, a do Duomo e a de Signoria.

Os grandes palácios do período gótico adquiriram características de acentuado verticalismo e eram dotados de grande número de janelas e arcos. Os castelos ganharam mais cômodos e aspecto menos severo.

Escultura

No período gótico, nasceu uma arte escultórica subordinada à arquitetura. Os portais, as torres em formato de agulha, os nichos e as fachadas das igrejas e das catedrais ganharam grande número de figuras representando personagens sacros.

As figuras humanas foram esculpidas de modo mais próximo ao real e ganharam mais proporcionalidade, expressividade.

A verticalidade acentuada das formas e o uso das linhas onduladas ou em espiral evidenciaram os movimentos nas esculturas. As figuras adquiriram naturalidade; as formas tornaram-se arredondadas, e a expressão do rosto se acentuou. As roupas ficaram mais pesadas, e as dobras se multiplicaram.

Os materiais preferidos para esculpir foram o mármore branco, o bronze, a madeira e o marfim.

Kiev.Victor/Shutterstock

Figuras esculpidas na Catedral de Reims, França.

O escultor gótico italiano Giovanni Pisano (1250-1314) expressou tanta dramaticidade em suas obras que as tornou absolutamente diferentes de todas as anteriores na arte escultórica. Enquanto seu pai estudava atentamente os modelos clássicos, de onde obtinha as figuras realistas do ser humano e sólido equilíbrio compositivo, Giovanni ocupava-se da dimensão claro-escuro e da dramaticidade dessas figuras. Esculpiu monumentos fúnebres, fontes, púlpitos e pias batismais.

Pit Stock/Shutterstock

Púlpito da Catedral de Pisa, de Giovanni Pisano, em Pisa, Itália.

Ikonya/Shutterstock

Detalhe do púlpito da Catedral de Pisa, escultura de Giovanni Pisano.

Galeria Ufizzi

Madona de Rucellai (1285), de Duccio di Buoninsegna. Têmpera em madeira, 385 cm × 223 cm.

Pintura – um novo modo de ver a realidade

A pintura gótica tinha como função fundamental deixar claras as imagens e as ideias expressas por frades e governantes das comunidades; portanto, temas religiosos foram bem explorados. Era importante exprimir o real sentimento, daí o naturalismo que animava as figuras, mesmo porque elas deviam reproduzir os personagens em vida.

Entre os principais pintores desse momento artístico temos Duccio di Buoninsegna (1255-1319) e Giotto di Bondone (1267-1337).

Giotto usou na pintura tonalidades de cores que davam solidez e profundidade à figura humana. Usou o naturalismo e a análise espacial, que se concretizaram na descrição minuciosa de alguns ambientes por ele decorados. Sua característica foi abandonar definitivamente os modelos bizantinos e renovar a narração pictórica com grandes ciclos de afrescos, retratando a realidade e o sofrimento humanos.

Um exemplo é o afresco sobre a vida e os principais momentos de São Francisco de Assis, localizado na cidade de Assis, na Itália.

Cappella degli Scrovegni

A natividade (1304-1306), de Giotto di Bondone. Afresco na Cappella degli Scrovegni, Pádua, Itália.

Basílica de São Francisco de Assis

Detalhe de um dos afrescos de São Francisco na cidade de Assis, na Itália, de autoria de Giotto di Bondone.

Os vitrais

Os vitrais constituem uma característica da arte tipicamente gótica. Eram construídos por artesãos especializados que, seguindo um desenho preparatório, cortavam e coloriam os vidros como se fossem um mosaico. Assim, o interior das igrejas era ornamentado com as cores vivas dos vitrais, que valorizavam a estrutura arquitetônica.

A arte dos vitrais é refinada e delicada. Os vitrais também eram uma forma de ensinar e evangelizar o povo por meio da mágica luminosidade das cores e dos relatos bíblicos.

MikeDotta/Shutterstock

Um dos vitrais da Catedral de Basileia, na Suíça, retratando a última ceia que Jesus realizou com os apóstolos.

Mario confente/Shutterstock

A rosácea da Catedral de Notre--Dame, em Paris.

A influência da arte gótica no Brasil

No fim do século XIX, a arte gótica influenciou a arquitetura brasileira, principalmente na construção de igrejas – chamamos a esse período de neogótico.

Algumas construções nesse estilo são a Catedral da Sé, em São Paulo; a Catedral de Santos, em Santos (SP); a Catedral Nossa Senhora da Boa Viagem e o Santuário do Caraça, em Minas Gerais; a Catedral Metropolitana de Fortaleza, no Ceará; a Catedral Metropolitana de Vitória, no Espírito Santo; a Catedral de Petrópolis, em Petrópolis (RJ); e o Palácio da Ilha Fiscal, no Rio de Janeiro.

Donatas Dabravolskas/Shutterstock

Fachada da Catedral de Petrópolis, em Petrópolis, Rio de Janeiro.

Gimas/Shutterstock

Interior da Catedral de Petrópolis.

phaelshoots/AdobeStock

Fachada da Catedral Metropolitana de Fortaleza, em Fortaleza, Ceará.

Diego Grandi/Shutterstock

Fachada da Catedral da Sé, em São Paulo.

LIGANDO COM

O GÓTICO E A SUBCULTURA

Se por um lado o termo "gótico" se refere à arquitetura das catedrais e das igrejas que têm estilo bem definido – com altos pilares, tetos abobadados e arcos pontiagudos –, período da história da arte que merece destaque até hoje, por outro o termo também pode designar uma subcultura nascida na época do Romantismo, na França, como uma rebelião liderada por estudantes e trabalhadores que, cansados da opressão social, saíram às ruas vestidos com roupas escuras e o rosto pintado de branco para expressar a rejeição ao sistema de vida em que viviam.

Os góticos identificam-se pelos interesses socioculturais e pelo modo de se comportar, não pelos bens que as pessoas possuem.

Magicinfoto/Shutterstock

Duas jovens de estilo gótico.

Leia, assista, ouça, acesse, visite!

Assista

Veja o vídeo para conhecer Sainte-Chapelle em Paris.

Disponível em: www.youtube.com/watch?v=hV3gjyKIMEo. Acesso em: 6 mar. 2025.

Na pasta que acompanha este livro, você encontra as fichas para desenvolver as atividades propostas.

• FICHA 21

Vitral – pintura e criação

Vitral é a técnica em que se utilizam vidros coloridos em caixilhos metálicos. Acredita-se que os vitrais tenham surgido antes do século IX, no Oriente Próximo, onde ficavam a Lídia, a Frígia e a Cária, e hoje se localizam algumas cidades do Oriente Médio, como Irã, Iraque e Líbano.

Caixilho: parte da esquadria que sustenta e guarnece os vidros de portas e janelas.

A arte dos vitrais estendeu-se até a Itália, sendo Veneza o centro principal.

Os vitrais apareceram primeiro nas igrejas, representando aspectos da vida religiosa de Jesus. Há vitrais de mosaico, feitos com pedaços de vidro colorido devidamente recortados e unidos com chumbo. Há também os vitrais de ateliê ou de gabinete; nesse caso, pinta-se diretamente no vidro com esmaltes coloridos, incorporados a fogo no vidro incolor. No século XIX, os temas dos vitrais passaram a ser românticos ou literários e foram usados nas casas de nobres ou de famílias de posses.

Os vitrais mais sofisticados estão na Santa Capela e na Catedral de Notre-Dame, em Paris, e no interior da França, na Catedral de Chartres. Do século XIX, na Igreja de São Tomás, em Nova York.

ATIVIDADE: Na ficha, há o desenho de um vitral pronto. Pinte-o usando o lápis de cor com bastante pressão sobre o papel, para que fique com as cores bem vivas. Ao lado, no espaço vazio, crie o desenho de um vitral. Antes de colori-lo, reforce as linhas com caneta preta de ponta grossa, simulando as partes feitas em ferro para sustentar os pedaços de vidro colorido dos vitrais. Observe os exemplos.

MATERIAL: lápis de cor, lápis grafite, borracha e caneta preta de ponta grossa.

Acervo das autoras

• FICHA 22

Efeito vitral – montagem

ATIVIDADE: Recorte as partes externa e interna da figura da ficha, formando uma moldura. Em seguida, cole a moldura em um pedaço de papel adesivo transparente, de 35 cm × 25 cm, e preencha a parte interna com pedacinhos de papel de seda recortados com tesoura. Nenhum espaço deve ficar sem papel de seda, e atente-se para não fazer a colagem sobre a moldura preta. Feito isso, cole outro papel adesivo transparente por cima e corte as sobras do contorno. Para ter efeito ainda mais parecido com um vitral, faça um furinho na parte de cima da moldura e passe por ele um pedaço de fio de náilon, para que o "vitral" fique pendurado e a luz possa atravessá-lo. Observe o passo a passo.

MATERIAL: papel adesivo transparente, papel de seda de cores variadas, tesoura com pontas arredondadas e fio de náilon para pendurar os trabalhos.

Acervo das autoras

TEMA 12

Simetria e assimetria

Observe as imagens das obras de arte a seguir.

Museu de Arte Moderna da Bahia.

Relevo Emblema 9 (1977), de Rubem Valentim. Acrílica sobre madeira, 100 cm × 150 cm.

The Metropolitam Museum of Art, Nova York, EUA / Wikimedia Commons.

Sem título (1914), de Paul Klee. Aquarela sobre papel sobre cartão, 15,6 x 15,6 cm.

Observe as duas obras. A primeira imagem, de Rubem Valentim, que apresenta simetria, causa sensação de ordem e estabilidade. Já a segunda imagem, de Paul Klee, uma composição assimétrica, causa sensação de espontaneidade e movimento. Há equilíbrio nas duas obras, porém na simetria ele é mais evidente, enquanto nas composições assimétricas não vemos claramente equilíbrio entre as formas, mas o percebemos ao as observarmos atentamente.

Conhecendo Rubem Valentim

Rubem Valentim nasceu em 9 de novembro de 1922, em Salvador, Bahia. Aos 18 anos, iniciou a carreira de pintor e, aos 24, já integrava o movimento de artes plásticas na Bahia.

No início, suas obras eram figurativas, com grande influência do Realismo e do Expressionismo – pintava paisagens urbanas, figuras humanas e flores. A partir de 1953, passou a unir em suas obras símbolos e emblemas geralmente geométricos, com base nas religiões de matriz africana. Em 1957, mudou-se para o Rio de Janeiro e ministrou aulas de História da Arte no Instituto de Belas Artes. Nesse período, abandonou por completo a figuração e se aprofundou na simbologia africana. Tornou-se famoso, ganhou uma viagem ao exterior e passou a viver em Roma, Itália. Em 1966, voltou para o Brasil e fez sua primeira obra pública no edifício Novacap, em Brasília. Em 1977, participou da Bienal Internacional de São Paulo. Morreu em 30 de novembro de 1991, em São Paulo.

Simetria

A palavra "simetria" indica equilíbrio, ordem, harmonia, correspondência entre as partes. Na linguagem visual, há simetria quando todos os elementos assumem configuração ordenada tal que parte da composição se repete em outra parte, seguindo uma ordem geométrica.

A principal característica da simetria é a correspondência perfeita entre as partes (direita e esquerda, por exemplo), obedecendo a um eixo central. A forma mais comum de simetria é a bilateral.

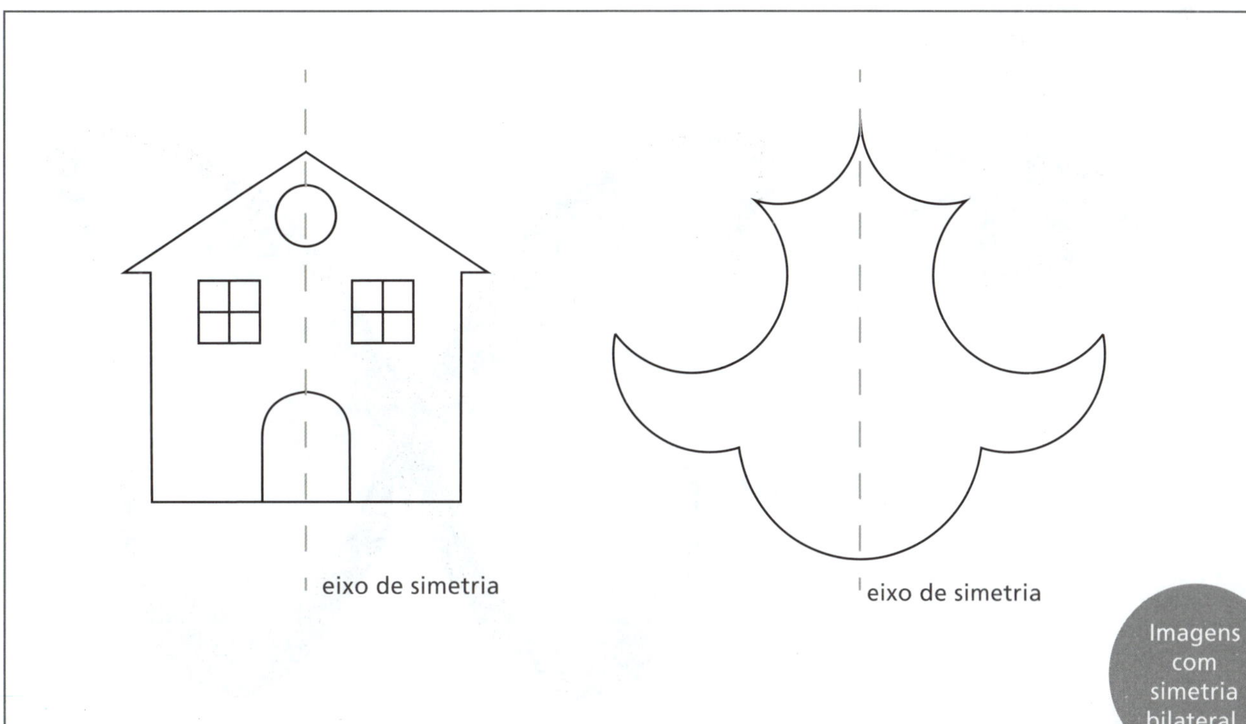

Editoria de arte

Imagens com simetria bilateral.

A **simetria bilateral** ocorre quando todos os pesos, as formas, cores, linhas e movimentos estão distribuídos entre as partes da direita e da esquerda. Veja dois exemplos.

AmorSt-Photographer/Shutterstock

Automóvel.

Nussar/Shutterstock

Mesquita do Sultão, Singapura.

Podemos dizer que tanto o automóvel como a Mesquita do Sultão, em Singapura, são simétricos.

Simetria aparente é aquela em que um lado não é absolutamente igual ao outro. Uma flor não tem as pétalas absolutamente iguais; elas diferem em número e posição. Uma borboleta tem um lado bem parecido com o outro, mas ambos os lados não são totalmente iguais.

Nosso corpo tem simetria aparente, pois um lado não é absolutamente igual ao outro. O mesmo acontece com animais.

Observe nas imagens que os dois insetos têm simetria aparente. Até uma formiga tem simetria aparente, coisa difícil de perceber, pelo fato de ela ser tão pequena.

Cristina Romero Palma/Shutterstock

Vladimirkarp/Shutterstock

Exemplos de simetria aparente.

A simetria não se resume apenas a desenhos ou à natureza. Observe as imagens a seguir. Elas apresentam simetria aparente.

Diego Grandi/Shutterstock

Candangos (1960), de Bruno Giorgi. Escultura em bronze.

Kamira/Shutterstock

Vaso grego, em argila. Período clássico grego.

Simetria radial ou central

É aquela em que os elementos que constituem a figura passam por um eixo central e se irradiam a partir desse eixo. A estrela-do-mar e o floco de gelo são exemplos desse tipo de simetria.

Observe que as pétalas da flor, as pontas do floco de gelo e as pontas da estrela-do-mar saem de seu centro.

Fenneke Smouter/Shutterstock

Kichigin/Shutterstock

topseller/Shutterstock

Assimetria

É a ausência de subordinação a um eixo central e a ausência de correspondência entre as partes.

Em artes visuais, o uso da assimetria é mais frequente, porque permite composições mais livres e dinâmicas.

Observe as duas figuras que mostram simetria e assimetria.

Uma composição assimétrica difere da composição simétrica, porque os elementos usados para compor a figura são dispostos sem eixo de simetria. Os efeitos expressivos que dela derivam são dinamismo, movimento, liberdade e sensação de inquietude. Observe a assimetria na obra *O Carnaval de Arlequim*, de Joan Miró.

Editoria de arte

Figura simétrica.

Editoria de arte

Figura assimétrica.

O Carnaval de Arlequim (1924-1925), de Joan Miró. Óleo sobre tela, 66 cm × 93 cm.

A **assimetria** pode se apresentar de três formas diferentes: dinâmica, equilibrada ou desequilibrada.

Assimetria dinâmica

Os elementos assimétricos criam a sensação de constante movimento.

Assimetria equilibrada

O valor e o peso dos elementos assimétricos se equivalem.

Assimetria desequilibrada

Editoria de arte

O valor e o peso dos elementos se concentram em uma só parte da composição.

LIGANDO COM

LEONARDO DA VINCI E A SIMETRIA

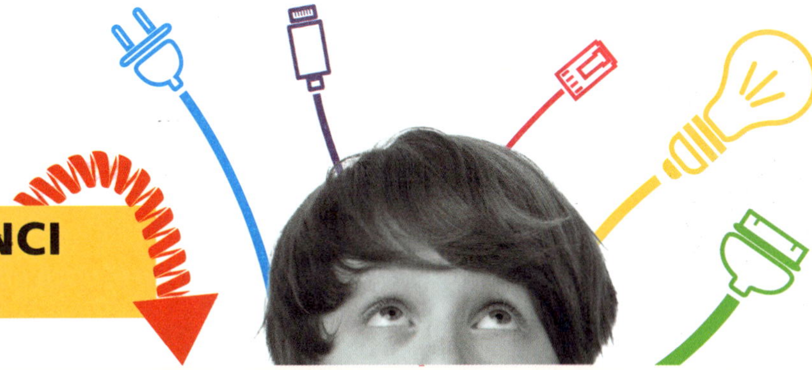

Atribuímos a Leonardo da Vinci um dos primeiros estudos relacionados à simetria geométrica envolvendo o corpo humano e as plantas para construções.

Homem vitruviano é um famoso desenho que acompanhava as notas feitas pelo artista por volta de 1490, em um de seus diários. Nesse desenho, Da Vinci trabalhou seu conceito de simetria.

O desenho descreve uma figura masculina simultaneamente em duas posições sobrepostas, inscritas em um círculo e em um quadrado. A cabeça é calculada como sendo um oitavo da altura total. Às vezes, o desenho e o texto são chamados "Cânone das proporções".

Examinando o desenho, pode-se notar que a combinação das posições dos braços e das pernas formam quatro posturas diferentes. As posições com os braços levantados e em cruz e os pés juntos são inscritas no quadrado. Por outro lado, a posição superior dos braços e das pernas é inscrita no círculo. Isso ilustra o princípio de que, na mudança entre as duas posições, o centro aparente da figura parece se mover, mas o umbigo da figura, que é o verdadeiro centro de gravidade, permanece imóvel.

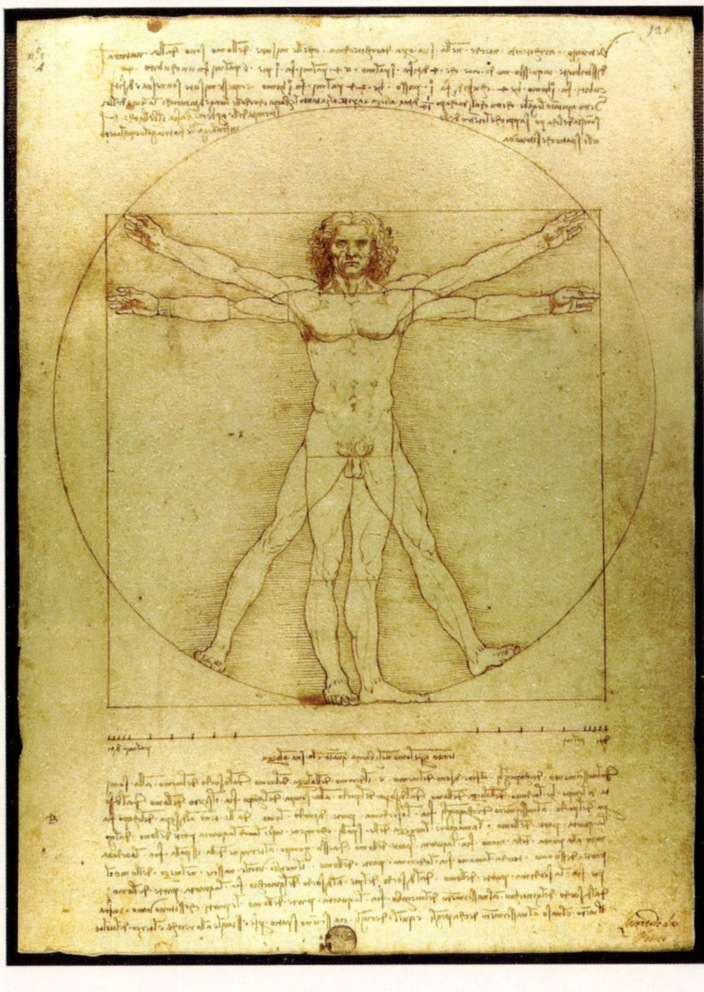

Gallerie dell'Accademia

Homem vitruviano (1490), de Leonardo da Vinci. Lápis e tinta sobre papel, 34 cm × 24 cm.

Na pasta que acompanha este livro, você encontra as fichas para desenvolver as atividades propostas.

• FICHAS 23 E 23A

Simetria – recorte, colagem e desenho

ATIVIDADE: Na ficha 23, há dois quadrados coloridos, um deles já desenhado. Recorte-os e dobre-os ao meio. No quadrado com o desenho, recorte a forma abstrata e reserve. No outro quadrado, faça um desenho em um dos lados, como no modelo da árvore a seguir, e recorte-o. Você terá duas formas simétricas. Escolha uma delas e cole no quadrado A da ficha 23A. No quadrado B, faça um desenho de simetria aparente (por exemplo, uma folha, uma borboleta etc.), a partir de um eixo de simetria, depois pinte-o com cores bem vivas.

MATERIAL: papel colorido de 12 cm × 12 cm, tesoura com pontas arredondadas, cola em bastão, lápis grafite, borracha e lápis de cor.

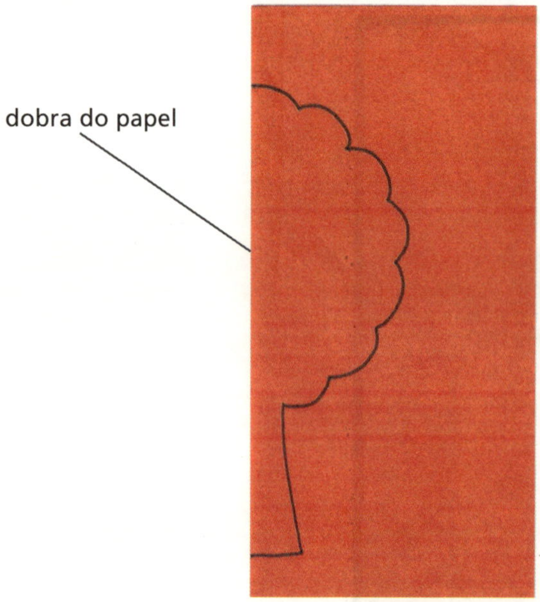

Acervo das autoras

• FICHAS 24 E 24A

Assimetria – composição – recorte e colagem

ATIVIDADE: Com base nos exemplos de assimetria dinâmica, equilibrada e desequilibrada apresentados no livro, recorte as figuras da ficha 24, crie uma composição assimétrica e cole-a na ficha 24A. Se julgar conveniente, use caneta hidrocor preta para completar sua composição, conforme os exemplos do livro.

MATERIAL: tesoura com pontas arredondadas, cola em bastão e caneta hidrocor preta.

• FICHAS 25 E 25A

Pintura em borboleta

ATIVIDADE: Na ficha 25, há o desenho de uma borboleta. Dobre-o ao meio e desdobre-o. Depois, pingue algumas gotas de tinta guache nas cores de sua preferência. Dobre novamente o papel e, com cuidado, passe a mão sobre as costas dele, deslizando os dedos para as extremidades, para que a tinta se espalhe por todo o desenho da borboleta.

Abra o papel e deixe secar. Você pode observar que as manchas que se formaram são simétricas, iguais dos dois lados da borboleta. Quando a folha estiver seca, pinte o corpo da borboleta de preto. Você pode usar tinta guache ou caneta hidrocor. Recorte a borboleta. Não se preocupe com as anteninhas, pode cortá-las.

Na ficha 25A, há várias folhas. Pinte-as com aquarela em pastilha ou giz de cera e, então, cole a borboleta e faça as antenas com caneta hidrocor.

MATERIAL: tinta guache de cores variadas, tesoura com pontas arredondadas, cola em bastão, caneta hidrocor preta, aquarela em pastilha ou giz de cera.

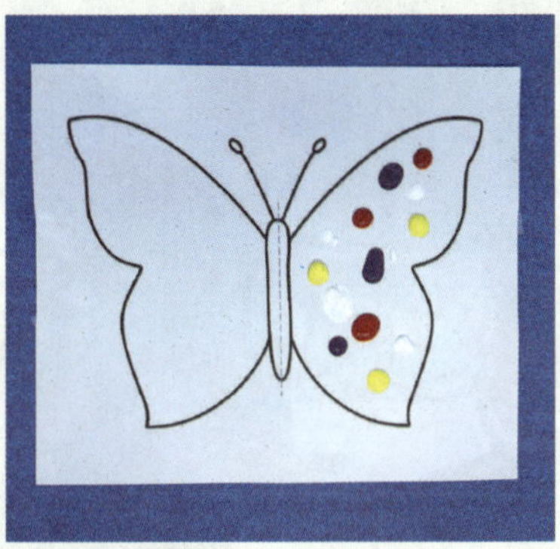

Acervo das autoras

- Com todos os trabalhos prontos, que tal montar uma exposição? Monte um painel com os trabalhos e escreva um texto sobre simetria.

TEMA 13

Cinema – luzes, câmera, ação!

Observe a imagem a seguir.

Instituto Lumière

Cena do filme *Empregados deixando a fábrica Lumière em Lion*, dos irmãos Lumière.

Em 28 de dezembro de 1895, no Salão Grand Café, em Paris, os irmãos Lumière fizeram uma apresentação pública de seu invento, ao qual chamaram cinematógrafo. O evento causou alvoroço nas trinta e poucas pessoas presentes, e, em pouco tempo, esse fazer artístico conquistaria o mundo e faria nascer a chamada sétima arte e uma indústria multibilionária.

Durante cerca de 20 minutos, o público se maravilhou assistindo a imagens dos filmes *Empregados deixando a fábrica Lumière em Lion* e *Chegada do trem na estação de La Ciotat*.

A invenção do cinema

O **cinema** é baseado em projeções de imagens animadas e nasceu de várias inovações, que vão desde o domínio fotográfico até a síntese do movimento.

Em 1876, Eadweard Muybridge realizou uma experiência: dispôs primeiro 12 e depois 24 câmeras fotográficas ao longo de um hipódromo e tirou várias fotos da passagem de uma égua, obtendo, assim, a decomposição do movimento em várias fotografias por meio de um zoopraxiscópio.

Museu Kingston

Zoopraxiscópio criado por Eadweard Muybridge.

Universidade Stanford

Sequência de 12 imagens de um cavalo galopando, feita por Eadweard Muybridge, em 1876.

Em 1891, Thomas Edison, nos Estados Unidos, inventou o cinetoscópio, uma caixa movida a eletricidade que continha a película de 35 milímetros inventada antes por William Kennedy-Laurie Dickson, mas com funções limitadas. O cinetoscópio possibilitava assistir a imagem em movimento por apenas um observador.

Película: filme para registro da imagem cinematográfica ou fotográfica.

Com base na invenção de Thomas Edison, os irmãos Auguste e Louis Lumière inventaram o cinematógrafo, aparelho portátil três em um (máquina de filmar, de revelar e de projetar). A partir daí, a arte do cinema não parou em pesquisas e avanços tecnológicos, com lançamentos de filmes e desenhos animados de alta qualidade que deixariam os irmãos Lumière fascinados!

Everett Historical/Shutterstock

Cinematógrafo dos irmãos Lumière, usado para projetar o primeiro filme, em 1895.

Revista *La Nature*

Cinetoscópio, inventado por Thomas Edison, em 1891.

Sincronizado: movimentos simultâneos, em harmonia.

Desde o início, inventores e produtores tentaram unir a imagem a um som de forma sincronizada, porém nada dera certo até a década de 1920. Assim, durante trinta anos, os filmes eram mudos, sendo, algumas vezes, acompanhados de música ao vivo durante as exibições; outras vezes, narrações ou diálogos escritos apareciam entre cenas, como uma legenda. Nesse momento do cinema, destaca-se o ator Charles Chaplin, considerado uma das figuras mais importantes do cinema mudo.

Para que os filmes mudos se tornassem atrativos, os sons eram substituídos por gestos, mímica e letreiros explicativos.

Sidenko Tatiana/Shutterstock

A linguagem cinematográfica

A linguagem cinematográfica é complexa e utiliza técnicas próprias. O resultado é um produto com características específicas que reúne áudio sincronizado com as imagens em movimento.

Os elementos principais da linguagem do cinema são enredo, ambientação, sequências, cenas, enquadramento, personagens, trilha sonora, montagem e efeitos especiais.

Enredo

É a narração de uma história, muito importante para prender a atenção do espectador. É o encadeamento dos fatos narrados em um texto, um dos elementos da estrutura do filme. É a trama, a sequência de fatos; são as situações vividas pelos personagens durante o desenrolar de uma história.

Ambientação

Em um filme, veem-se muitos ambientes, novos, conhecidos ou desconhecidos. Alguns, apesar de parecerem reais, são apenas cenários feitos nos estúdios cinematográficos. Os filmes são dinâmicos e, geralmente, apresentam muito movimento e muitas cenas.

Sequências e cenas

Os elementos que indicam o tempo e o lugar da narração determinam a necessidade de subdividir a história em sequências e unidades (cenas). Os atores trabalham ações contínuas, compostas de cenas enquadradas em ambientes. As sequências de um filme se desenrolam em tempos e lugares diversos.

Enquadramento

É a limitação da imagem que será filmada para formar cada cena do filme.

Os gêneros do cinema

Há vários tipos de filmes, por exemplo:

- Filmes de guerra: histórias em que os personagens estão envolvidos em guerras e a filmagem se desenrola em um verdadeiro campo de batalhas.
- Filmes de suspense: abordam um mistério e causam ansiedade, tensão.
- Filmes cômicos (comédias): são alegres; causam bem-estar em quem os vê.
- Filmes de terror: são caracterizados por enredos de medo, pavor, horror.
- Filmes naturalistas ou documentários: mostram aspectos da vida animal, vegetal ou algum acontecimento histórico.
- Filmes de faroeste: narram aventuras de *cowboys*, indígenas, pistoleiros, xerifes etc.
- Filmes de ação/aventura: têm cenas de emboscadas, improvisos, fugas, sequestros e fatos inesperados.
- Filmes de ficção científica: geralmente abordam temas do espaço cósmico, planetas distantes, galáxias habitadas por seres extraterrestres etc.
- Filmes de romance: o conteúdo gira em torno de envolvimento amoroso entre os personagens.
- Filmes de drama: apresentam desenvolvimento de fatos e circunstâncias compatíveis aos da vida real. Nem todos os dramas são tristes, embora causem comoção em quem os vê.
- Filmes biográficos: relatam a vida de uma personalidade ou de pessoa real, citando fatos verídicos.
- Desenho animado: filmes em que os personagens são desenhados, atualmente de forma computadorizada, e narram histórias destinadas mais ao público infantil.

Sidenko Tatiana/Shutterstock

- Você se lembra do último filme que viu? Gostou?
- Quando você vai ao cinema, qual é seu gênero de filme favorito? Por quê?
- Com que frequência você vai ao cinema?
- Se você recebesse um convite para participar do elenco de um filme, aceitaria? Qual papel gostaria de fazer?
- O que você pensa da profissão de ator?

Stop motion

O *stop motion*, também conhecido como animação quadro a quadro, consiste em simular o movimento contínuo de objetos estáticos, fotografando uma série de imagens fixas em sucessão. Isso significa que cada quadro de um filme *stop motion* é uma imagem estática. Os objetos se movem ou mudam ligeiramente de posição, sempre mantendo a continuidade do movimento a cada quadro. Quando todos os fotogramas são reproduzidos à velocidade adequada, temos a sensação de que estamos vendo um filme de animação como qualquer outro, onde os objetos se movem por si próprios.

Sidenko Tatiana/Shutterstock

O *stop motion* é considerado por muitos como a forma mais pura de animação, pois para atingir a ideia de movimento é necessário manipular os objetos manualmente, quadro a quadro, de maneira incremental, sem alterar o que foi gravado.

O processo básico de animação envolve fazer uma fotografia de uma cena com objetos, movê-los levemente, fazer outra fotografia, movê-los de novo, e fazer nova fotografia, e assim por diante. Quando as imagens são reproduzidas consecutivamente, os objetos ou personagens parecem se mover por conta própria.

Para criar uma animação *stop motion* são necessárias, no mínimo, 12 fotografias. Os objetos podem ser os mais variados possíveis, desde peças de montar, bonecos de massa de modelar e até objetos de uso caseiro.

Anait/Shutterstock

O *stop motion* também pode ser feito com pessoas e é mais conhecido como *pixilation*.

Vemos animações em *stop motion* o tempo todo – em comerciais, videoclipes, programas de TV e filmes –, mesmo sem perceber.

De quais ferramentas você precisa para fazer uma animação em *stop motion*?

Câmera

Você vai precisar de uma câmera para fotografar cada quadro de sua história. Câmeras de *smartphones* funcionam.

Tripé

Usar um tripé ajudará a garantir que as imagens sejam nítidas e mantenham um quadro consistente durante todo o processo de fotografia.

Materiais/objetos

Você pode escolher vários objetos para criar seu *stop motion*, entre eles peças de montar, objetos domésticos, massa de modelar (para criar um personagem), entre outros.

Javier Garcia 65/Shutterstock

Iryna Imago/Shutterstock

Para fazer uma animação em *stop motion*, é necessário seguir algumas etapas.

Etapa 1: crie um *storyboard*

Storyboard é um guia de referência para um filme, que pode ser escrito. Se você vai fazer 12 fotos, deve pensar e organizar cada uma dessas fotos.

Etapa 2: defina a cena

Certifique-se de que o local esteja bem iluminado e estável. Monte um pequeno cenário para as fotos, que deve ficar fixo, sobre uma mesa ou bancada.

Etapa 3: selecione os objetos que vai usar

Organize os objetos para que fiquem no lugar para a primeira cena.

Etapa 4: configure a câmera ou o *smartphone*

Posicione a câmera na melhor posição, para visualizar o cenário.

Se a proposta for para mídias de *smartphones*, use o celular na posição vertical; mas, se for apenas para reprodução, use-o na posição horizontal, que oferece campo maior para as cenas.

Etapa 5: tire uma foto

Certifique-se de que os objetos estejam no lugar certo antes de tirar a primeira foto. Se tudo estiver certo, tire algumas fotos (cerca de 3 ou 4) da cena atual, sem fazer nenhuma alteração. Isso será importante na hora de escolher as fotos que você vai usar para editar o vídeo.

Iryna Imago/Shutterstock

Etapa 6: faça uma pequena alteração

Altere levemente a posição dos objetos e faça a segunda foto, e assim consecutivamente, até fazer as 12 fotos necessárias. Pegue cada objeto e mova-o ligeiramente para a próxima posição. Certifique-se de que os objetos estejam seguros antes de tirar a próxima foto.

Etapa 7: tire outra foto

Verifique o foco e tire outras 12 a 24 fotos de sua cena.

Certifique-se de verificar a consistência e a iluminação da moldura.

Repita as etapas anteriores, até terminar sua história. Reserve um momento para apreciar o trabalho árduo dos artistas de *stop motion* na criação de longas-metragens.

Iryna Imago/Shutterstock

Agora, vamos ver como editar um vídeo *stop motion*. Nos *smartphones*, há recursos para criar um *stop motion*.

Tanto em aparelhos com sistema operacional Android quanto aqueles com sistema operacional iOS utiliza-se o recurso de animação vinculado ao aplicativo Google Fotos.

Veja como proceder:

- Abra o aplicativo Google Fotos.
- Entre na "biblioteca" e procure o recurso "Criar animação".
- Selecione as fotos e coloque-as em sequência.
- Assim que selecionar as fotos, o próprio aplicativo criará a animação.

LIGANDO COM

CHARLES SPENCER CHAPLIN

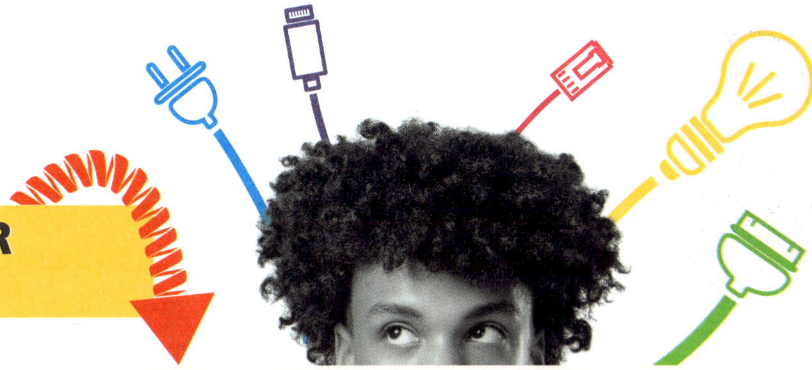

Charles Chaplin nasceu em Londres, em 16 de abril de 1889, e faleceu em Corsier-sur-Vevey, na Suíça, em 25 de dezembro de 1977, vítima de um acidente vascular cerebral (AVC). Foi ator, diretor, produtor, humorista, empresário, escritor, comediante, dançarino, roteirista e músico.

Chaplin foi um dos atores da era do cinema mudo notabilizado pelo uso de mímica. É bastante conhecido pelos filmes *O imigrante*, *O garoto*, *Em busca do ouro* (este considerado por ele seu melhor filme), *O circo*, *Luzes da cidade*, *Tempos modernos*, *O grande ditador*, *Luzes da ribalta*, *Um rei em Nova York* e *A condessa de Hong Kong*.

National Portrait Gallery London

À esquerda, Chaplin aos 31 anos. À direita, Chaplin caracterizado como o personagem que imortalizou no cinema, Carlitos.

Atuou, dirigiu, escreveu, produziu e financiou os próprios filmes. Sua carreira no ramo do entretenimento durou mais de 75 anos, desde as primeiras atuações, quando ainda era criança, nos teatros do Reino Unido, até quase sua morte, aos 88 anos.

Usando bigode, casaco puído e de tamanho menor, calças largas, suspensórios, laços, sapatos maiores que seu tamanho e chapéu coco, Chaplin foi artista e cineasta memoráveis. Utilizava apenas gestos e olhares para substituir um discurso.

Foi um dos mais irreverentes políticos de seu tempo. De forma suave e romântica, era solidário aos deserdados da sociedade irônica e provocativa da burguesia e contra os abusos de patrões a empregados, tornando-se ícone do cinema mudo, elevando o gênero de maneira que poucos poderiam ter imaginado.

Inicialmente, despertou o riso na plateia e tornou-se símbolo das classes sociais mais exploradas na era do progresso e da industrialização. Com suas piruetas e seus gestos engraçados, encarava a liberdade de pensamento que desafiava o mundo dominado pela pobreza e pela humilhação e, graças à prova de atuação soberba, foi capaz de inspirar reflexões profundas.

Charlie Chaplin teria sido identificado como o personagem incomum por quase todos os anos de sua carreira gloriosa. De caráter contraditório, capaz de encantar plateias de todos os tempos por seus movimentos engraçados, que apontam uma caricatura deformada de nós mesmos, deixou forte marca no cinema e também como ser humano incrível.

Leia, assista, ouça, acesse, visite!

Assista

- *Chegada do trem na estação de La Ciotat* (1895), irmãos Lumiére. Disponível em: https://www.youtube.com/watch?time_continue=62&v=RP7OMTA4gOE.
- *A história de Charles Chaplin*. Disponível em: https://www.youtube.com/watch?v=o8v6KZPRnBQ.
- Trecho do filme *O circo* (1928), de Charles Chaplin. Disponível em: https://www.youtube.com/watch?v=HshIW9Z4pgk. Acessos em: 8 abril 2025.

FICHA

Na pasta que acompanha este livro, você encontra a ficha para desenvolver as atividades propostas.

• FICHA 26

Detetive do cinema

ATIVIDADE: Na ficha, há quatro cenas de filmes conhecidos. Preencha o que se pede para cada um deles.

MATERIAL: lápis grafite, borracha e lápis de cor.

Atividades extras

Luz, câmera e ação! – roteiro para elaboração de filme em *stop motion*

Com base na leitura do texto sobre cinema, junte-se a um colega. Pensem primeiro em um gênero de filme; depois, criem o roteiro fazendo o enredo, a ambientação, a sequência de cenas e os enquadramentos.

Feito isso, organize-se com sua dupla para a filmagem, pensando sempre que o filme será apresentado aos colegas e deverá ter duração máxima de 4 minutos. Use a câmera de um celular ou outro recurso disponível.

Após o filme pronto, com o professor, vejam a melhor maneira de fazer a apresentação aos colegas.

Criação de animação em *stop motion*

Dividam-se em grupos de 4 alunos para criar uma animação em *stop motion*.

No livro há as etapas para fazer a criação.

Usem a criatividade!

TEMA 14

A arte de observar – Paul Cézanne

Observe a imagem a seguir.

Neue Pinakothek, Munich, Germany

Still life with a chest of drawers (*Natureza-morta com uma cômoda*) (1887), de Paul Cézanne. Óleo sobre tela, 73,3 cm × 92,2 cm.

Observe a obra e veja como a mesa parece inclinada, e os objetos, prestes a escorregar. Assim são as obras de Paul Cézanne, desprendido dos conceitos de perspectiva. Ele usava a cor como recurso para desenhar e pintar suas obras.

A vida de Paul Cézanne

Hermitage Museum, São Petersburgo, Rússia

Autorretrato em Casquette (1872), de Paul Cézanne. Óleo sobre tela, 53 cm × 39,5 cm.

Paul Cézanne nasceu em 19 de janeiro de 1839, em Aix-en--Provence, no sul da França. Ainda criança, estudou desenho na Academia de Desenho de Aix-en-Provence. Aos 13 anos, candidatou-se para a Escola de Belas Artes de Paris, mas não foi aceito.

De volta à cidade natal, o pai, banqueiro, o incentivou a estudar Direito, e, em 1859, Cézanne, a contragosto, iniciou o curso na Universidade de Aix. Em 1861, contrariando o pai, foi para Paris estudar desenho de nus no Ateliê Libre Suisse, onde conheceu o pintor Camille Pissarro e passou a se dedicar aos estudos de desenho na Escola de Desenho de Aix. Em 1862, providenciou um estúdio para poder pintar e abandonou de vez a carreira jurídica.

Em 1863, trabalhou regularmente no Ateliê Libre Suisse, onde conheceu pintores como Renoir, Monet e Sisley. Tentou novamente entrar na Escola das Belas Artes, mas foi recusado, por acharem que tinha característica de um colorista exagerado.

Em 1866, diante da recusa de exposição de suas obras, enviou uma carta de protesto ao diretor das Belas Artes. Ficou mais íntimo do pintor Manet e passou a admirar suas obras de naturezas-mortas. Começou, com os impressionistas, a pintar ao ar livre.

Diante da alternativa de expor suas obras a qualquer custo ou pintar em silêncio, Cézanne não teve dúvida e decidiu levar uma vida solitária ao eleger a natureza como seu mestre. Sua pesquisa, pessoal e inovadora, não visava à mera representação da natureza, mas, sim, compreender sua essência.

O temperamento independente o uniu a outros artistas solitários desse histórico período pós-impressionista, cuja aproximação na educação artística constituiu sua força inovadora.

Impossível não pensar em Van Gogh ou Gauguin ao falar de Cézanne – os três artistas representam uma evolução que influenciaria decisivamente as próximas correntes artísticas.

Enquanto Van Gogh revolucionava o uso de cores para melhor expressar sua vida interior e Gauguin revigorava a imaginação, Cézanne desafiava todos os fundamentos da pintura, substituindo o desenho rígido por uma pintura mais solta, não mais sujeito às regras de perspectiva reunidas durante a Renascença, mas transformado na livre interpretação do artista.

Para os impressionistas, a sensação visual do momento era o foco para compor uma obra, mas, para Cézanne, era indispensável a reelaboração conceitual das sensações para criar uma pintura, afirmando, sem hesitação, que não é o pincel que guia o pintor, mas o cérebro.

Sua arte não visava retratar a impressão pessoal em perfeita transformação, mas a realidade eterna e imutável do mundo que o rodeava.

De acordo com Cézanne, a cor dá forma às figuras: "A cor e o desenho não são de todo distintos; realmente, desenhamos colorindo. Quanto mais harmonioso o arranjo de cores, mais nítido e preciso é o desenho". Com o uso da técnica de desenhar com cor, o artista revelou novos e surpreendentes horizontes para a pintura.

Em 1885, dedicou-se às naturezas-mortas e às paisagens e pintou várias vezes o mesmo tema, buscando em cada pintura a singularidade.

Hermitage Museum, São Petersburgo, Rússia.

Maçãs, pêssegos, peras e uvas (1879-1880), de Paul Cézanne. Óleo sobre tela, 37 cm × 44 cm.

Hermitage Museum, São Petersburgo, Rússia.

Montanha de Sainte-Victoire (1898-1906), de Paul Cézanne. Óleo sobre tela, 78 cm × 99 cm.

Na busca para alcançar a base e eternizar a pintura, Cézanne procurou referência na tradição clássica, e algumas de suas pinturas se referem claramente à arte do passado, como acontece, por exemplo, com a obra monumental *As grandes banhistas*, composta de três telas.

Barnes Foundation, EUA

As grandes banhistas (1898), de Paul Cézanne. Óleo sobre tela, 82 cm × 101,2 cm.

O pintor concentrou a atenção, sobretudo, na essência da figura. Cézanne transformou mentalmente os objetos e as partes do corpo humano em formas geométricas, como cone, esfera e cilindro. Um braço ou um tronco de árvore poderiam sugerir a forma de um cilindro; uma maçã ou uma cabeça, a forma de uma esfera.

Em 1902, Cézanne mudou-se para o novo estúdio e, em 1904, foi a Paris para participar do Salão de Outono. Expôs trinta telas. Em 1906, foi surpreendido por uma tempestade e faleceu em 15 de outubro, de pneumonia, na mesma cidade onde nasceu.

Veja mais algumas obras de Paul Cézanne.

Musée d'Orsay, Paris

Vaso azul (1886), de Paul Cézanne. Óleo sobre tela, 61 cm × 51 cm.

Courtauld Institute of Art, London

Lago de Annecy (1896), de Paul Cézanne. Óleo sobre tela, 64 cm × 79 cm.

Museu de Arte de São Paulo (MASP)

Madame Cézanne em vermelho (1888-1890), de Paul Cézanne. Óleo sobre tela, 89 cm × 70 cm.

LIGANDO COM

A ARTE DA NATUREZA-MORTA

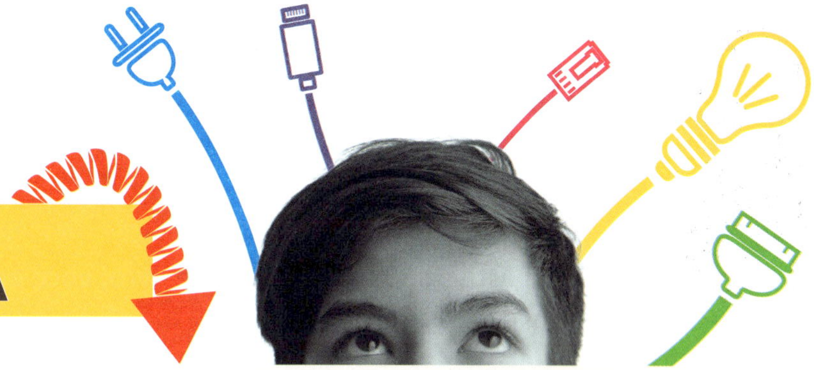

A natureza-morta é um dos gêneros da pintura. O artista Paul Cézanne a valorizou e tornou-se conhecido por esse tipo de pintura.

Natureza-morta é uma pintura que retrata objetos. Em geral, esses objetos são colocados sobre uma mesa e incluem elementos orgânicos, como frutas e flores, e objetos domésticos, como copos, travessas, vasos e tecidos.

Embora os afrescos decorativos e os mosaicos com temas de naturezas-mortas aparecessem ocasionalmente na Antiguidade, foi no Renascimento que a natureza-morta surgiu como gênero de pintura. Nas primeiras pinturas, foram retratados crânios, velas e ampulhetas ou arranjos de flores e frutos de todas as estações para simbolizar os ciclos da natureza.

A natureza-morta continuou a ser um gênero popular em muitos movimentos de arte moderna. No movimento pós-impressionista, Van Gogh imortalizou seus girassóis, e Cézanne, suas maçãs.

Neue Pinakothek, Munich

Doze girassóis numa jarra (1888), de Vincent van Gogh. Óleo sobre tela, 91 cm × 72 cm.

Art Institute of Chicago

Cesta de maçãs (1893), de Paul Cézanne. Óleo sobre tela, 65 cm × 80 cm.

FICHA

Na pasta que acompanha este livro, você encontra as fichas para desenvolver as atividades propostas.

• FICHAS 27, 27A E 27B

Pintando e montando uma composição com efeito 3D

ATIVIDADE: Nas fichas 27 e 27A, há uma jarra, uma fruteira e algumas maçãs. Na ficha 27B, há um cenário representando a ponta de uma mesa com uma toalha. Pinte a jarra, a fruteira e as maçãs. Sugerimos usar tinta aquarela em pastilha. Observe as pinturas – não se preocupe com os contornos; você pode ultrapassá-los, porque as peças serão recortadas depois de secas. Assim que estiverem secas, recorte todas as peças. Na fruteira, faça um corte na borda frontal para encaixar algumas maçãs. Observe o modelo.

Cole fita banana no verso das peças, como na foto que mostra a jarra. Essa fita tem volume, então você pode colar um pedaço sobre o outro para aumentar esse volume, assim as peças ficarão com diferentes profundidades. Nas peças que ficam mais atrás, cole apenas um pedaço de fita, e, quanto mais próximas de você as peças, cole mais camadas de fita. Aqui foi usada uma camada na fruteira; nas maçãs mais atrás, duas camadas; nas maçãs da frente e na jarra, três camadas de fita. Se tiver dificuldade de achar a fita banana, use pedaços de papelão e proceda da mesma forma, porque o efeito será o mesmo.

Cole as peças no cenário da ficha 27B. Distribua-as como achar melhor. Não é preciso seguir o modelo nem nas cores nem na posição das peças. Use a imaginação para criar sua composição.

MATERIAL: aquarela em pastilha, lápis de cor ou giz de cera; pincel redondo e macio nº 12; pote para água; papel para limpeza; tesoura com pontas arredondadas; cola em bastão; fita banana ou pedaços de papelão.

Acervo das autoras

Observe a pintura. Ela ultrapassa os contornos.

Acervo das autoras

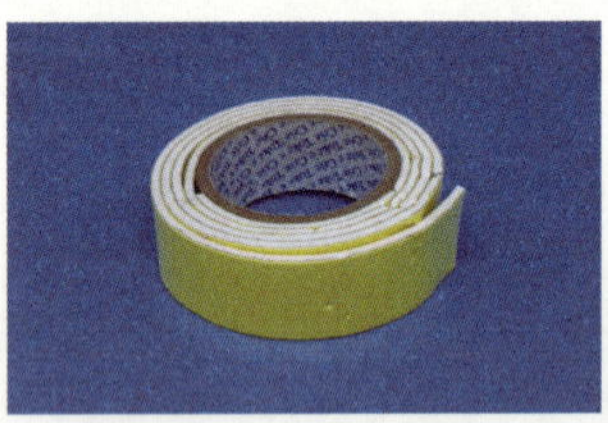

Fita banana.

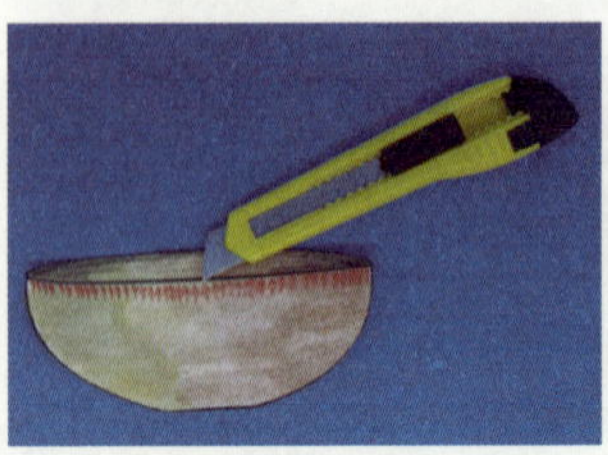

• FICHA 28

Desenhando com as cores

ATIVIDADE: Quase sempre, ao desenhar, usamos o lápis grafite. Nesta proposta, você vai fazer um desenho seguindo as regras de Paul Cézanne, que desenhava com as cores. Para isso, você vai desenhar usando lápis de cor – não se preocupe com erros, eles fazem parte do desenho em cores.

MATERIAL: lápis de cor.

Atividade extra – 1

Dividam-se em grupos de quatro ou cinco alunos. Cada grupo deve se organizar para trazer para a sala de aula um elemento para compor uma cena de natureza-morta, como as pintadas por Paul Cézanne, por exemplo, toalhas de mesa, frutas, jarras, garrafas, talheres ou o que acharem interessante para montar a composição.

Em data combinada com o professor, cada grupo deve montar sua composição sobre uma mesa ou uma carteira. Em seguida, usando a câmera de um *smartphone*, tirem fotos de todas as composições. As fotos podem ser trabalhadas em aplicativos, como Prisma, Snapseed, Inframe, para dar efeitos diferentes.

Por fim, salvem as fotos e depois façam uma apresentação delas em equipamento multimídia.

Observe as imagens a seguir. A primeira é a original; as demais foram trabalhadas no aplicativo Prisma e utilizados os filtros Broadway, Gothic e Paris.

Acervo das autoras

Atividade extra – 2

Montadas as composições, os alunos podem escolher uma delas, sentar-se em posição adequada e fazer um desenho de observação, que era o que Paul Cézanne fazia: ele observava, desenhava e pintava suas obras.

A natureza morta é um gênero artístico que representa objetos estáticos e inanimados, do nosso cotidiano, como flores, frutas, peças de porcelana, instrumentos musicais, utensílios domésticos, entre outros, e cada artista, ao longo do tempo, foi usando sua interpretação para representar esse gênero. Na internet, procure obras de Aldemir Martins sobre o tema e compare com obras feitas no período do Renascimento, por Caravaggio, por exemplo.

TEMA 15

Cultura africana

Observe a imagem a seguir, de uma máscara da Região do Congo, Africa.

Instituto de Artes de Chicago

Máscara Ngady Mwaash, região de Kuba Kasai, República Democrática do Congo. Fim do século XIX, meados do século XX.

A África é um continente banhado pelos oceanos Atlântico e Índico e pelo Mar Mediterrâneo. É o terceiro continente em extensão no mundo e o segundo mais populoso, com quase 1,4 bilhão de habitantes.

Politicamente, o continente está organizado em 54 países; entretanto, há mais de uma centena de etnias diferentes, com idiomas e dialetos próprios, além de organização social e aspectos culturais específicos.

Berço da humanidade, no continente africano são encontrados os mais antigos fósseis dos ancestrais do ser humano, um deles com cerca de seis ou sete milhões de anos.

A arte africana

Algumas sociedades africanas formaram grandes reinos, como Egito, Mali, Axante e Daomé. Outras eram agrupamentos pequenos que viviam da caça e da coleta do que a natureza lhes oferecia.

Os reinos tiveram tamanhos diferentes; eram cercados de paliçadas ou de muros de terra.

O primeiro império da África Subsaariana de que se tem notícia é o do Mali, cuja população era composta de povos de várias etnias.

A arte desses povos deriva dos objetos produzidos com finalidades utilitárias e ritualísticas, expressando toda sua riqueza de valores culturais.

Nos objetos artísticos, há pinturas, máscaras, esculturas e outros objetos que diferem em estilo, conforme as etnias que os produzem.

África: divisão política.

Pintura

Na pintura, a maior parte das obras retrata mulheres carregando a colheita ou temas que giram em torno da agricultura e da pecuária. Embora quase todas apresentem em comum a mesma simetria, dão mais importância à cabeça e ao torso e menos às pernas, que, geralmente, são representadas curtas e com poucos detalhes em relação às demais partes do corpo.

Torso: parte do corpo formada pelo abdome e pelo tórax.

Nas pinturas, predominam os seguintes elementos:

- As figuras humanas são bastante esquemáticas e ressaltam-se sobre o fundo. Muitas vezes, linhas retas representam braços e pernas.
- Cores puras e muitas estampas. Em roupas, cores vivas e com estampados variam de acordo com as etnias.
- Uso de cores terrosas, vermelho, branco e preto.

Twice25&Rimina25

Três figuras femininas com cestas em suas cabeças.

Antranig/Shutterstock

Uma mulher com criança, duas mulheres carregando cesta com alimentos na cabeça.

Escultura

As esculturas apresentam características humanas. Representam personagens míticos ou até conhecidos em vida – antepassados, fundadores de reinos ou chefes eleitos durante seus governos. Na escultura, há grande relação entre política e religião, motivo pelo qual as esculturas, os bustos e as cabeças não podiam ser vistos por todas as pessoas – somente aqueles com *status* social e religioso podiam apreciá-los.

As obras de madeira destacam-se pela qualidade, embora haja esculturas mais antigas em terracota e bronze em Benin, atual Nigéria.

Musée du Quai Branly, Paris

Figura de Manbilla, Nigéria (séculos XIX-XX).

Louvre Museum, Pavillon des Sess

Cabeça de homem (séculos XII-XIV). Escultura em terracota, civilização Ife, Nigéria.

Música e dança

Na tradição dos povos africanos, a música e a dança estão associadas aos eventos de celebração e de rituais, por isso são manifestações de socialização da comunidade, ligadas aos nascimentos, aos casamentos, às mortes, à coroação de reis e a outros eventos.

Registros em pinturas rupestres datados de 6000-4000 a.C. indicam que a dança e a música eram práticas culturais milenares dos povos africanos.

Austin Woods/Shutterstock

Dundun, instrumento membranofone, tambor de som grave.

Jean-Dominique Lajoux

Registro de dança em pintura rupestre de Tassili n'Ajjer, Argélia (6000-4000 a.C.).

Liliana Akstein/Shutterstock

Ganzás, tipo de instrumento idiofone.

Oguz Dikbakan/Shutterstock

Flauta africana, instrumento aerofone.

Instrumentos musicais marcam o ritmo da música, acompanhada de palmas, batidas de pés e sons vocais.

Os instrumentos estão classificados como:

- idiofones: produzem som pela própria vibração dos instrumentos, como chocalhos, agogôs, reco-recos, ganzás, caxixis etc.
- membranofones: produzem som pela vibração de uma membrana, como tambores, atabaques e afoxé.
- cordofones: emitem som por meio da vibração das cordas, como o berimbau.
- aerofones: produzem som com a vibração do ar, como as flautas.

Fibras trançadas, frutos, sementes, pedaços de madeira e pele de animais eram usados na fabricação desses instrumentos.

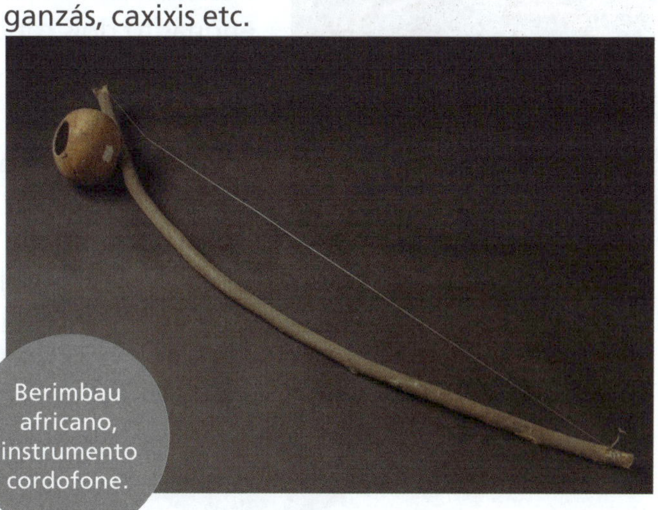
Andre Silva Pinto/Shutterstock

Berimbau africano, instrumento cordofone.

Não há um tipo único de dança ou música; cada povo tem ritmos musicais e danças ligados aos aspectos próprios de cada cultura.

Em geral, na dança, o movimento dos pés e dos braços acompanha o ritmo da música. Normalmente, as danças são realizadas com os integrantes em roda ou em fileiras e de pés descalços. Como as danças integram rituais culturais, há a crença de que no movimento do corpo se faz a conexão com os espíritos.

Hertz Oliveira

Roda de capoeira, com mestre Feijão. Diadema, São Paulo.

Quilombo: comunidades de negros escravizados criadas para abrigar aqueles que conseguiam fugir. Eram centros de resistência contra a escravidão.

Algumas danças atuais são originárias de danças africanas, como a capoeira, que surgiu nos quilombos, no período da escravidão.

A capoeira nasceu da necessidade de liberdade dos negros escravizados, que adaptaram movimentos de luta corporal aos sons e ritmos africanos, por isso ela é uma mistura de dança, luta, música e jogo. Nela são encenados golpes e movimentos acompanhados de músicas. Os capoeiristas ficam na roda de capoeira batendo palmas, no ritmo do berimbau e cantando a música, enquanto dois capoeiristas jogam capoeira no centro da roda.

Máscaras

A máscara é um objeto muito importante na arte africana, porque manifesta a presença da força sobrenatural durante a dança. A pessoa que a usa captura a energia e as forças do sobrenatural e dos espíritos em cerimônias de auxílio à comunidade. A crença nas máscaras está no poder que elas têm para esses povos de capturar a energia sobrenatural dos espíritos. Por isso, são usadas em rituais funerários e mágicos ou em cerimônias para garantir a fertilidade da terra.

Museu Afro Brasil, São Paulo.

Máscara geledês, em madeira, República Popular do Benin.

Na maioria dos casos, a criação de máscaras é uma arte transmitida de pai para filho, assim como o conhecimento dos valores simbólicos e religiosos a elas associados.

No início do século XX, as máscaras africanas serviram de inspiração para movimentos artísticos como o Cubismo, o Fauvismo e o Expressionismo.

Cubismo: movimento na pintura iniciado em 1907, em Paris, no qual as figuras são representadas por formas geometrizadas e podem ser observadas de vários ângulos.

Expressionismo: movimento artístico que procura expressar as emoções ou a visão interior do artista.

Fauvismo: movimento artístico que se caracteriza pelo uso de cores vibrantes e fortes, com pinceladas soltas.

Máscara békom (século XX), em madeira. Camarões.

Pablo Picasso e a arte africana

Entre os artistas, um dos que mais se apropriou de elementos da arte africana foi Pablo Picasso.

Por volta de 1905, Picasso teve contato com a arte africana, que se tornou fonte de inspiração para suas obras cubistas. Nelas, ele passa do naturalismo à deformação expressiva.

As deformações nas faces na obra *Les demoiselles d'Avignon* são uma demonstração da influência das máscaras africanas nas composições de Picasso.

Máscara Nok, em terracota. Nigéria.

Les demoiselles d'Avignon (1907), de Pablo Picasso. Óleo sobre tela, 24,9 cm × 23,4 cm.

Máscara de cobre de Obalufon, Ifé (1300 a.C.).

Três dos rostos pintados têm desenho geometrizado e apresentam notáveis semelhanças com as máscaras africanas. Observe os detalhes dos rostos e compare-os com as máscaras.

© Succession Pablo Picasso / AUTVIS, Brasil, 2025
The Museum of Modern Art, Nova York, EUA.

Detalhes da obra *Les demoiselles d'Avignon*.

Raccolte Extraeuropee del Castello Sforzesco

Máscara de Sulaw, Mali, em madeira.

Royal Museum for Central Africa, Tervuren, Bélgica.

Máscara Mbangu, Bandundu, Zaire.

Museu do Homem, Paris

Máscara Dan, Costa do Marfim.

Conhecendo Pablo Picasso

Revista Vea y Lea, Public domain, via Wikimedia Commons

O pintor e escultor espanhol Pablo Ruiz Picasso nasceu em 25 de outubro de 1881. Criou uma forma própria de pintar. Começou a estudar pintura quando era bastante jovem. Com 13 anos, expôs os primeiros quadros em Barcelona. Viveu a maior parte da vida em Paris. Em 1937, pintou *Guernica*, uma de suas obras mais famosas. É um dos mais importantes artistas do século XX. Pablo Picasso pintou até a noite anterior à sua morte, em 6 de abril de 1973.

LIGANDO COM

CAPOEIRA – ENTREVISTA COM MESTRE FEIJÃO

Emerson Carlos Pereira, ou Mestre Feijão, como é mais conhecido, nasceu em 22 de novembro de 1976, em Jacobina, na Bahia. Nesta entrevista exclusiva para este livro, ele conta um pouco sobre a prática da capoeira.

Arte e Habilidade: Como, quando e onde você teve o primeiro contato com a capoeira?

Mestre Feijão: Meu primeiro contato com a capoeira ocorreu na cidade de Diadema, em São Paulo, por meio de um colega de classe, cujo apelido era Ferrugem. Nessa época, eu tinha entre 8 e 9 anos.

AeH: Que influências teve a capoeira em sua vida?

MF: Teve influências espetaculares, pois ajudou em minha formação e na minha construção como homem, contribuindo com todo o desenvolvimento do meu caráter, da minha ética e formação acadêmica.

AeH: De que maneira a capoeira pode contribuir para a formação dos jovens?

MF: Desde que eles tenham um bom mentor, ela poderá contribuir com coisas maravilhosas, como formação de caráter, ética, respeito, saúde plena, profissionalização acadêmica etc.

AeH: Quais benefícios a capoeira traz para quem a pratica?

MF: Mudança de vida de maneira ampla, em aspectos como saúde, alegria, bem-estar, qualidade de vida e amor.

AeH: Quais são seus planos para o futuro?

MF: Uma das minhas metas é elevar o nome da capoeira e deixar gravada na história a filosofia que estou desenvolvendo em conjunto com os integrantes do grupo de capoeira do qual faço parte. Por causa disso, compreendemos que a capoeira, na totalidade, exige de nós postura de pesquisadores, para que possamos dar-lhe o devido valor.

AeH: Descreva em poucas palavras o que a capoeira representa em sua vida.

MF: Essa arte mudou minha vida. Todo sucesso que venho conquistando credito à capoeira, pois ela tem me direcionado e me levado a lugares em que sempre desejei estar e onde ainda estarei. A capoeira está diretamente relacionada a todos os momentos que passei na vida e tem me ajudado a seguir em busca dos meus sonhos. É uma força e uma energia positiva inexplicáveis. A capoeira muda vidas!

Hertz Oliveira

Emerson Carlos Pereira, ou Mestre Feijão.

FICHA

Na pasta que acompanha este livro, você encontra as fichas para desenvolver as atividades propostas.

• FICHA 29

Máscara africana – recorte e colagem

ATIVIDADE: Na ficha, há moldes para montar uma máscara africana. Recorte todas as partes e cole-as, formando a máscara-base. Depois de pronta a colagem, decore sua máscara, personalizando-a com detalhes que você quiser. Dê uma olhada nas máscaras que aparecem no livro ou pesquise outras na internet. Capriche nos detalhes!

Observe o exemplo a seguir, em que foram usados adesivos em forma de círculos nas cores branca, amarela e vermelha. A caneta hidrocor preta foi usada para desenhar detalhes, e, para finalizar, foram usados fios de sisal, colados por trás da máscara com cola branca.

MATERIAL: tesoura com pontas arredondadas, cola em bastão, caneta hidrocor preta e materiais diversos.

Acervo das autoras

• FICHA 30

Máscara africana – imitando madeira com papel machê

Acompanhe na ficha o passo a passo para a montagem da máscara.

• FICHAS 30A E 30B

Máscara africana – moldes

Acervo das autoras

ATIVIDADE: Na ficha, há os moldes, que devem ser recortados e transferidos para um papelão (pedaços de caixa vazia). Depois de desenhados no papelão, recorte e cole com cola quente (com o auxílio do professor), montando a máscara, que vai ficar com três planos diferentes.

Faça uma mistura de uma parte de cola branca com três partes de água. Coloque pequenos pedaços de papel higiênico ou de papel-toalha na mistura. Cubra a máscara com essa mistura e coloque pequenas tiras de papel. Procure preservar os relevos obtidos com a colagem das partes. Deixe secar por 24 horas. Passe, então, uma camada de cola branca. Deixe secar por, no mínimo, 6 horas.

Chegou a hora de pintar. Passe uma demão de base para artesanato branca por toda a máscara – cuidado com os detalhes, para não deixar tinta acumulada. Depois de seca a base, pinte com tinta acrílica na cor marrom. Para dar aparência mais próxima de madeira esculpida, pinte algumas partes e, antes que seque totalmente, passe um pedaço de papel-toalha, tirando um pouco da tinta marrom, deixando aparecer o fundo – cuidado para não exagerar e tirar muita tinta marrom. No exemplo da ficha, para finalizar a pintura, foi usada tinta acrílica na cor cobre, somente algumas pinceladas, dando efeito de brilho.

MATERIAL: pedaços de papelão, tesoura com pontas arredondadas (que tenha bom corte), cola quente, papel higiênico ou papel-toalha, cola branca, pincel chato nº 18 ou nº 20 com cerdas mais duras, base para artesanato branca e tinta acrílica nas cores terra queimada, marrom e cobre.

TEMA 16

A arte de esculpir – Lygia Clark

Observe a imagem a seguir, das obras de Lygia Clark.

Associação Cultural "O Mundo de Lygia Clark"

Exposição das esculturas Bichos, de Lygia Clark, em 1965, Londres.

Lygia Clark foi pioneira na transformação do objeto de arte como algo destinado a ser puramente olhado – sua proposta era de uma arte que exigia ser tocada, manipulada. Para que o trabalho fosse completo, a artista criou uma mudança conceitual em suas obras: o público deveria interagir fisicamente com a obra, ampliando a experiência de apreciação. O público deixava de ser passivo para ser participante ativo nas exposições das obras da artista.

Escultura

A escultura é a arte de criar obras tridimensionais com base em uma matéria-prima ou em diferentes materiais. Como muitos outros termos relacionados ao mundo da arte, o conceito de escultura também evoluiu ao longo do tempo.

A escultura da Virgem Maria com véu foi produzida em mármore de Carrara, em Roma, pelo famoso escultor italiano Giovanni Strazza, em meados do século XIX. Essa escultura é um dos símbolos da Itália.

David, uma das esculturas mais famosas do mundo, foi feita em mármore por Michelangelo Buonarroti e mede 5,17 metros de altura. A base tem 10,7 metros.

Shhewitt

A virgem velada, de Giovanni Strazza. Escultura em mármore.

Jörg Bittner Unna

David (1501-1504), de Michelangelo. Escultura em mármore.

As esculturas articuláveis da Lygia Clark

Lygia Pimentel Lins, conhecida como Lygia Clark, nasceu em Belo Horizonte, em 23 de outubro de 1920. Foi uma pintora e escultora brasileira contemporânea que se autointitulava "não artista".

Lygia Clark iniciou os estudos artísticos em 1947, no Rio de Janeiro, sob a orientação de Roberto Burle Marx e Zélia Salgado. Em 1950, viajou para Paris, onde estudou com Arpad Szènes, Dobrinsky e Léger. Após a primeira exposição individual no Institut Endoplastique, em Paris, em 1952, retornou ao Rio de Janeiro e expôs no antigo Ministério da Educação e Cultura.

Associação Cultural "O Mundo de Lygia Clark"

Lygia Clark, em foto de 1959.

Associação Cultural "O Mundo de Lygia Clark"

Superfície modulada nº 20 (1956), de Lygia Clark. Tinta industrial sobre madeira, 60 cm × 120 cm.

Como pintora, Lygia Clark destacou-se com as obras *Superfícies moduladas* (1952-1957) e *Planos em superfície modulada* (1956-1958).

Com a série *Composições*, em 1954, participou da Bienal de Veneza, maior evento internacional de arte. Em 1968, foi novamente convidada a participar da exposição; porém, dessa vez, com uma sala especial para expor toda sua trajetória artística.

Determinada a contemplar o espaço, construiu usando metal, um novo suporte, e produziu a série *Casulos*, em 1959. Criou o efeito tridimensional dobrando folhas de metal, mesmo para esculturas colocadas na parede.

Dos *Casulos* surgiram os *Bichos*, esculturas feitas de alumínio, com formas geométricas articuláveis pelas dobradiças. Lygia Clark tornou-se uma das pioneiras na arte da escultura. Convidava o observador a "brincar" com os bichos, manipulando-os e descobrindo possibilidades de novas formas para essas estruturas. Com as obras *Bichos*, Lygia Clark consagrou-se a melhor escultora nacional na VI Bienal de São Paulo, em 1961.

Em suas obras, Lygia estabeleceu um vínculo com a vida. Em *Objetos sensoriais* (1966-1968), apresentou uma nova proposta: utilizar objetos do cotidiano (água, conchas, borracha, sementes) para aproximar o observador de suas obras e fazer com que participasse de suas exposições – interagindo e transformando –, mostrando que o mundo passa por constante transformação.

Digital image, The Museum of Modern Art, New York/Scala, Florence

Casulo (1959), de Lygia Clark. Escultura em metal, 30 cm × 30 cm × 11 cm.

Associação Cultural "O Mundo de Lygia Clark"

Casulo (1959), de Lygia Clark. Escultura pintada com tinta automotiva, 30 cm × 30 cm × 11 cm.

De 1970 a 1976, Lygia lecionou artes plásticas na Universidade de Sorbonne, em Paris. De volta ao Brasil, aprofundou-se no trabalho com a arte sensorial.

Lygia Clark morreu em 25 de abril de 1988.

Associação Cultural "O Mundo de Lygia Clark"

Bicho linear (1960), de Lygia Clark. Alumínio, 86 cm × 66 cm × 36 cm.

LIGANDO COM

MULTICULTURALISMO E A ARTISTA TOMIE OHTAKE

O termo "multiculturalismo", que entrou em uso comum no fim da década de 1980, indica uma sociedade que, em um mesmo território, abriga povos de origens culturais distintas entre si. Um bom exemplo de multiculturalismo no nosso país está expresso nas obras de Tomie Ohtake, artista de origem japonesa, naturalizada brasileira, que chegou ao Brasil aos 23 anos e assimilou valores culturais da terra que adotou.

Suas obras destacam-se na pintura, na gravura e principalmente nas esculturas. As produções estão presentes em mais de trinta obras públicas desenhadas na paisagem de várias cidades brasileiras, como São Paulo (Avenida 23 de Maio, 1988; Anhangabaú, 1984; Cidade Universitária, 1994, 1997 e 1999; Auditório do Ibirapuera, 2004; Auditório do Memorial da América Latina, 1988; Teatro Pedro II em Ribeirão Preto, 1996, entre outras), Belo Horizonte, Curitiba, Brasília, Araxá e Ipatinga. Entre 2009 e 2010, suas esculturas alcançaram também os jardins do Museu de Arte Contemporânea de Tóquio e a província de Okinawa, no Japão.

Artista sempre disposta a novos desafios, Tomie criou cenários para a ópera *Madame Butterfly*, em encenações no Rio de Janeiro, em 1983, e em São Paulo, em 2008.

A convite, criou obras para comemorações, como a monumental escultura de 9 metros de altura no Aeroporto Internacional de Guarulhos (SP), inaugurada em 2008, em homenagem ao centenário da imigração japonesa no Brasil. Nas palavras da artista, a obra é redonda "para abraçar as pessoas que chegam de viagem".

Tomie também criou pinturas, cartazes e ilustrações de livros e periódicos. Morreu em São Paulo, em 12 de fevereiro de 2015, aos 101 anos.

A escultura de aço foi inaugurada em 2008 pelo Príncipe Naruhito, do Japão, na cidade de Santos, São Paulo. *O Monumento à imigração japonesa* tem quatro faixas de 12 metros de concreto, em formato de ondas, que representam as gerações de japoneses vindas para o Brasil.

A escultura de aço de 15 m de altura. Homenagem ao centenário da imigração japonesa no Brasil.

Diego Grandi/Shutterstock

Monumento à imigração japonesa, Avenida 23 de Maio, em São Paulo, inaugurado em 1988.

Rovena Rosa/Agência Brasil

Fonte: Instituto Tomie Ohtake. Disponível em: https://www.institutotomieohtake.org.br/o_instituto/tomie_ohtake. Acesso em: 13 dez. 2024.

Leia, assista, ouça, acesse, visite!

- Assista ao vídeo *Bicho, 1960*, que descreve a série de obras denominada *Bichos*, de Lygia Clark. Disponível em: https://www.youtube.com/watch?v=lfitsC4m_dY. Acesso em: 13 dez. 2024.

FICHA

Na pasta que acompanha este livro, você encontra as fichas para desenvolver as atividades propostas.

• FICHAS 31 E 31A

Escultura com figuras geométricas – Lygia Clark

ATIVIDADE: Recorte as peças das fichas. Coloque-as viradas com a parte branca para baixo, obedecendo à sequência das fotos. Cole as peças com fita-crepe, mantendo distância de 1 mm entre elas. Cole as peças que sobraram por cima, com cola em bastão. Agora, é só articular as peças, criando formas diferentes de esculturas. Veja o passo a passo.

MATERIAL: tesoura com pontas arredondadas, fita-crepe e cola em bastão.

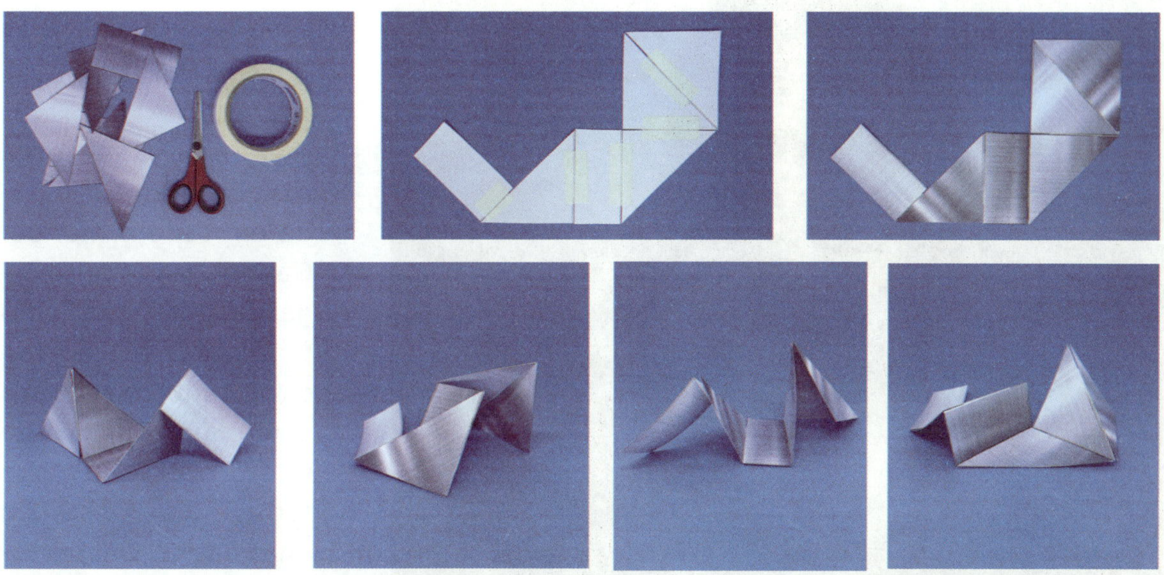

Acervo das Autoras

- Use seu *smartphone* para fotografar suas esculturas. Para isso, coloque uma folha colorida como fundo, para não comprometer a imagem.

• FICHA 32

Escultura em papelão com formas geométricas – montagem

ATIVIDADE: Desenhe no papelão algumas figuras geométricas e recorte-as. Nas bordas das figuras, faça alguns talhos de 1,5 cm a 2,0 cm. Monte a escultura encaixando as partes, de modo que tenha sustentação, para que fique em pé e firme. Depois de pronta a escultura, pinte-a com tinta *spray* apropriada. Observe o passo a passo na ficha.

MATERIAL: caixa vazia de papelão, lápis grafite, borracha, tesoura com pontas arredondadas e tinta *spray*.

TEMA 17

História da arte – Renascimento

Observe a imagem da obra de arte *Mona Lisa*.

Museu do Louvre, Paris, França

Mona Lisa (1503-1506), de Leonardo da Vinci. Óleo sobre madeira de álamo, 77 cm × 53 cm.

Mona Lisa é a obra mais conhecida e visitada em todo o mundo. Ganhou o primeiro lugar em obras estudadas por críticos e acadêmicos. É também a pintura com maior número de releituras. Talvez sua fama esteja no sorriso enigmático da personagem. Consta no livro de recordes *Guinness* como a obra de arte com o seguro mais caro do mundo. A famosa pintura está exposta no Museu do Louvre, em Paris, França.

Renascimento: um novo modo de ver a arte

Após dois séculos de dominação do estilo gótico (tema 11 deste volume), o mundo artístico passou a conhecer uma revolução na arte: o Renascimento, movimento artístico que propunha abandonar a "estranheza" do gótico para adotar um estilo parecido com o da Antiguidade Clássica (ou greco-romana).

O Renascimento começou a tomar conta de grandes cidades italianas da época, como Florença, Veneza, Pádua, Milão, Nápoles, Ferrara e Roma. Nesses centros, os mecenas, indivíduos ricos da sociedade, patrocinavam e financiavam os artistas.

Nessa mesma época, nascia na Europa uma nova sociedade de mercadores e banqueiros interessados em obras de arte. Esse grupo acreditava na inteligência do homem e no desejo mais intenso de viver, sem esquecer a religião, porém crendo que Deus não castigaria os homens que pensassem de modo diferente da mentalidade punitiva medieval.

A pintura

A pintura tornou-se um marco na cultura renascentista. Manifestou-se, sobretudo, uma nova concepção de espaço e cor.

Os pintores renascentistas criaram espaços reais sobre uma superfície plana, tornando a pintura um novo atrativo no campo das artes. Usaram grande variação de cores quentes e frias, utilizaram a luz e diferenciaram distâncias e volumes.

O uso da cor ganhou gradações, e a figura humana ganhou relevância, passando para segundo plano outros elementos da composição, como se pode observar na obra *A primavera*, também conhecida como *Alegoria da primavera*, de Sandro Botticelli.

No Renascimento, surgiram novas técnicas de pintura, como o giz pastel e a técnica da tinta a óleo, que permitia obter maior gama de cores.

Nas telas do Renascimento, os pintores começaram a misturar paisagens, cenas religiosas, batalhas, retratos, personagens da Antiguidade e mitológicos.

Galeria Uffizi, Florença, Itália

A primavera (1477-1482), de Sandro Botticelli. Têmpera sobre madeira, 2,03 m × 3,14 m.

Conhecendo alguns pintores do Renascimento

Masaccio

Tommaso di Giovanni di Simone Guidi (1401-1428), conhecido como Masaccio, viveu apenas 27 anos. Pintor florentino, representou figuras humanas nas dimensões reais e dizia que as cores eram importantes e influenciadas pela luz, conforme o relevo e a forma. Em seus afrescos, sobressaem-se a organização das figuras no espaço e a organização das cores.

Igreja Santa Maria delle Grazie

O pagamento do tributo (1425), de Masaccio. Afresco, 2,47 m × 5,97 m.

Leonardo da Vinci

Leonardo da Vinci (1452-1519) foi pintor, escultor, arquiteto e inventor italiano. Em suas pinturas, trabalhou a perspectiva em paisagens e aplicou a luz como elemento determinante para dar volume. A figura humana foi sua maior preocupação e, para tanto, estudou anatomia. Suas principais obras como pintor são *A anunciação* (1472-1475), *A última ceia* (1495-1498) e *Mona Lisa* ou *La Gioconda* (1503-1507).

Igreja Santa Maria delle Grazie, Milão, Itália

A última ceia (1495-1498), de Leonardo da Vinci. Afresco, 4,6 m × 8,8 m.

Michelangelo

Michelangelo di Lodovico Buonarroti Simoni (1475-1564) foi pintor, arquiteto e escultor italiano. Na pintura, o destaque fica para os afrescos pintados na Capela Sistina, a pedido do papa Júlio II. Suas obras-primas são *A criação de Adão* e o *Juízo final*.

A criação de Adão representa um episódio do livro bíblico do Gênesis, que descreve a criação do primeiro homem por Deus.

Capela Sistina, Vaticano

A Criação de Adão (por volta de 1511), de Michelangelo. Afresco, tinta e reboco, 2,80 m × 5,70 m.

Rafael

Rafael Sanzio (1483-1520) foi pintor e arquiteto italiano. Seus primeiros quadros são repletos de lirismo, delicadeza e perspectiva nas paisagens. Pintou inúmeros afrescos no Vaticano. Entre suas obras, destaca-se *A escola de Atenas*, que tem clara perspectiva central, porque toda a imagem converge para um ponto central.

Palácio Apostólico do Vaticano

A Escola de Atenas (1509-1511), de Rafael de Sanzio. Afresco, 5 m × 7,7 m.

Botticelli

Alessandro di Mariano di Vanni Filipepi, ou Sandro Botticelli (1445-1510), foi um pintor italiano de bastante prestígio na época. Destacam-se entre suas obras *O nascimento da Vênus*, *A primavera* e *Madona da romã*.

Ticiano

Ticiano Vecellio (1490-1576) foi um pintor italiano. Tinha muita habilidade no uso das tintas. Entre suas obras, estão *Assunção da Virgem* e *Madona de Pesaro*. Dizem que, quando usava a cor vermelha, conseguia o resultado desejado por aplicar setenta camadas diferentes de tinta a óleo.

Galeria Uffizi, Florença, Itália

Madona da romã (1485-1487), de Sandro Botticelli. Têmpera sobre madeira, 143,5 cm de diâmetro.

Basílica de Santa Maria Gloriosa da Fraci, Veneza, Itália

Assunção da Virgem (1516-1518), de Ticiano. Afresco, 6,9 m × 3,6 m.

Escultura

A escultura foi a manifestação artística mais importante do Renascimento e, muitas vezes, abriu caminho para a pintura e outras formas artísticas. Entre os "pioneiros" na arte renascentista, destacamos dois escultores: Filippo Brunelleschi (1377-1446) e Donatello (1386-1466).

Os artistas esculpiram túmulos, monumentos e fontes, a maioria com a presença da figura humana. Quase sempre em movimento, as vestes, com suas pregas, acentuam a posição, e o dinamismo revela uma figura humana idealizada de corpos proporcionais e músculos levemente torneados.

A escultura ao lado retrata a vitória de Davi na batalha contra o gigante Golias, explícita na pose de Davi pisando a cabeça degolada do gigante.

Os materiais mais utilizados na escultura foram o mármore, em especial o de Carrara, e o bronze, para esculturas inicialmente modeladas em argila.

Outros importantes nomes da escultura do Renascimento foram Andrea del Verrocchio (1435-1488) e Michelangelo (1475-1564).

Museu Nacional do Bargello, Florença, Itália.

David (1430), de Donatello. Escultura em bronze, 159 cm.

Campo Santi Giovanni e Paolo

Monumento equestre a Bartolomeo Colleoni, de Andrea del Verrocchio. Escultura esculpida em argila e depois fundida em bronze.

Além de pintor, Michelangelo foi grande escultor. Suas esculturas mais famosas são *Pietà* (1497-1500), na Basílica de São Pedro, e *David* (1501-1504), em Florença.

Pietà representa a figura isolada da Virgem Maria, que tem nos braços o corpo de Cristo, logo após ser retirado da cruz. Tem efeito translúcido, causado pela sombra entre as dobras.

Basílica de São Pedro, Vaticano

Pietà (1499), de Michelangelo. Escultura em mármore, 1,74 cm × 1,95 cm.

Academia de Belas Artes de Florença

David (1501-1504), de Michelangelo. Mármore, 5,17 m de altura.

LIGANDO COM

ARTE E O MERCADO CULTURAL – DOS MECENAS RENASCENTISTAS AOS PATROCINADORES ATUAIS

Na Idade Moderna, surgiu o termo Renascimento, assim chamado pelas pessoas da época porque acreditavam que durante o Período Medieval as artes e as ciências tinham desaparecido e só haviam sido retomadas durante o Renascimento. Mais que isso, para elas, essa retomada significava o renascimento da Antiguidade Clássica, da cultura greco-romana, esquecida durante a Idade Média e redescoberta na Idade Moderna.

Durante esse período, uma das maneiras de conseguir prestígio político era ser retratado em uma obra de arte. Por essa razão, ricos burgueses patrocinavam artistas. Esses patrocinadores tornaram-se protetores das artes e eram conhecidos como mecenas. Esse comportamento seria seguido por membros do alto clero, da nobreza e dos reis.

Hoje, é comum os artistas terem um *marchand*, palavra francesa que, em português, quer dizer "mercador" ou "comerciante" e indica o profissional que negocia obras de arte. Esse profissional não é só aquele que compra e vende objetos artísticos, mas também um tipo de prestador de serviços que atua na divulgação do artista, podendo representá-lo comercialmente nas relações com colecionadores, galeristas, museus e assemelhados, ou até mesmo como mecena, ajudando financeiramente um artista que, porventura, não tenha condições de produzir suas obras de arte. Esse profissional não realiza compra ou venda de objetos (pinturas, esculturas, gravuras, entre outras obras de arte), apenas intermedeia as relações entre o artista e o mercado de arte.

No Brasil, segundo a terminologia do Ministério do Trabalho, o *marchand* é designado como agenciador de obras de arte – um tipo específico de prestador de serviços autônomo, com registro legal e exigências normativas fixadas pelas prefeituras de cada município. Trata-se de uma profissão para a qual não é necessária formação acadêmica específica; porém, na prática dessas atividades de intermediação e assessoria em obras de arte, é bom que tenha conhecimento em história da arte.

Na pasta que acompanha este livro, você encontra as fichas para desenvolver as atividades propostas.

• FICHA 33

Pintura sobre gesso – afresco

ATIVIDADE: Vamos fazer uma pintura imitando um afresco, técnica usada durante o Renascimento. Para fazer a placa de gesso, reserve duas partes de gesso para uma de água. Antes de fazer a mistura, providencie a forma (bandeja) onde vai colocar a mistura, porque a secagem é rápida. A forma precisa ser um recipiente raso, retangular, quadrado ou redondo. Comece, então, o preparo do gesso. Em um recipiente, coloque as duas partes de gesso (a quantidade deve ser proporcional ao tamanho da forma) e uma parte de água, misture bem com o auxílio de uma colher ou espátula e despeje na forma. A secagem começa em poucos minutos. Esteja atento e coloque um pedaço de palito de madeira de churrasco a uns 2 cm da borda, no sentido vertical, para formar um furinho, que depois servirá para pendurar sua obra de arte.

Depois de seca a placa de gesso, retire-a da forma. Faça um desenho bem leve usando lápis grafite, com poucas linhas, apenas para servir de guia para a pintura. Usando tinta guache aguada, pinte o desenho. O processo de pintura deve sempre começar pelo plano de fundo do desenho. No caso da imagem da ficha, a pintura começou pelo céu; em seguida, foram pintados os elementos que estão mais à frente, até chegar ao primeiro plano da pintura. Observe o passo a passo na ficha. Use água para mesclar as cores e mantenha o pincel sempre umedecido em água – esse é o segredo da pintura para imitar um afresco. Após seco, pode-se usar barbante ou fita para pendurar.

Aguada: técnica de pintura que usa tintas diluídas em água. Utiliza-se mais ou menos água a fim de obter tonalidades de cor, transparência e brilho.

Para fazer a placa da ficha (bandeja de 21,5 cm × 15 cm), foi usada a quantidade de 2 xícaras de gesso e 1 xícara de água.

MATERIAL: gesso, água, forma, recipiente para mistura, tinta guache, pincéis de cerdas macias, palito de madeira para churrasco e pedaço de barbante ou fita.

• FICHA 34

Releitura da obra *Mona Lisa* – colagem e pintura

A releitura de uma obra depende inicialmente de conhecimento prévio do artista e da obra a ser interpretada: a época em que viveu o artista, sua biografia, artistas que ele admirava, outros artistas de seu tempo, o tema da obra, a técnica utilizada.

Há diferentes possibilidades para fazer uma releitura. Reler uma obra é totalmente diferente de apenas copiá-la. É necessário interpretar aquilo que se vê e exercitar a criatividade. Ao recriar uma obra, não é obrigatório usar a mesma técnica empregada pelo artista da obra original. Na releitura de uma pintura, podemos utilizar outras formas de expressão artística, como o desenho, a escultura, a fotografia ou a colagem. O importante é criar algo novo, mas que mantenha elo com a fonte que serviu de inspiração. Há inúmeros casos de grandes artistas que utilizaram a releitura para se aperfeiçoar ou homenagear seus mestres preferidos. A **colagem** é uma técnica artística que consiste em criar imagens colando pedaços de papel, ou diferentes materiais, sobre um suporte.

ATIVIDADE: Comece observando a obra *Mona Lisa*, as cores, as formas, o cenário, o figurino, a personagem e tudo que compõe o quadro. Pesquise em que data foi pintada e seu autor. A seguir, crie sua "Mona Lisa". Mantenha a base da figura central e faça uma releitura com seu olhar. Você é livre para modificar cabelos, figurino, cenário, cores e até mesmo o tão enigmático sorriso. Para isso, use a técnica da colagem. Você pode usar o rosto da obra original e fazer as mudanças usando colagem e pintura. Que tal usar seu próprio rosto na releitura? Procure uma fotografia sua e imprima ou faça uma cópia. Recorte sua imagem e cole no lugar do rosto da *Mona Lisa*, crie o figurino e o novo cenário – será uma obra inédita!

MATERIAL: tesoura com pontas arredondadas, cola em bastão, lápis grafite, borracha, lápis de cor e caneta hidrocor.

Leia, assista, ouça, acesse, visite!

Leia

- Nelson Leirner dá novas caras ao quadro de Mona Lisa.
  Disponível em: https://exame.com/casual/artista-da-novas-caras-para-quadro-de-mona-lisa/.
  Acesso em: 14 dez. 2024.

Acesse

- Releitura de Botero.
  Disponível em: http://www.arte.seed.pr.gov.br/modules/galeria/detalhe.php?foto=199.
  Acesso em: 14 dez. 2024.

TEMA 18

Conhecendo alguns elementos da música

Observe os instrumentos musicais da imagem a seguir.

Pixel-Shot/Shutterstock

Instrumentos musicais variados.

A música é uma linguagem universal – não conhece idiomas nem fronteiras. É um dos principais pilares da identidade cultural de um povo, capaz de unir diferentes culturas.

- Acesse o *link*, ouça a música disponível em: https://www.youtube.com/watch?v=U1X98SRZnmc (acesso em: 14 dez. 2024). Você a conhece? Já a ouviu? Conhece a banda Roupa Nova? Consegue distinguir o som dos instrumentos tocados pela música?

Os elementos da música

Podemos dizer que a música é a expressão artística de combinar sons com o objetivo de obter efeito estético. A música tem alguns elementos básicos: harmonia, melodia, ritmo, densidade, timbre, intensidade, altura e duração.

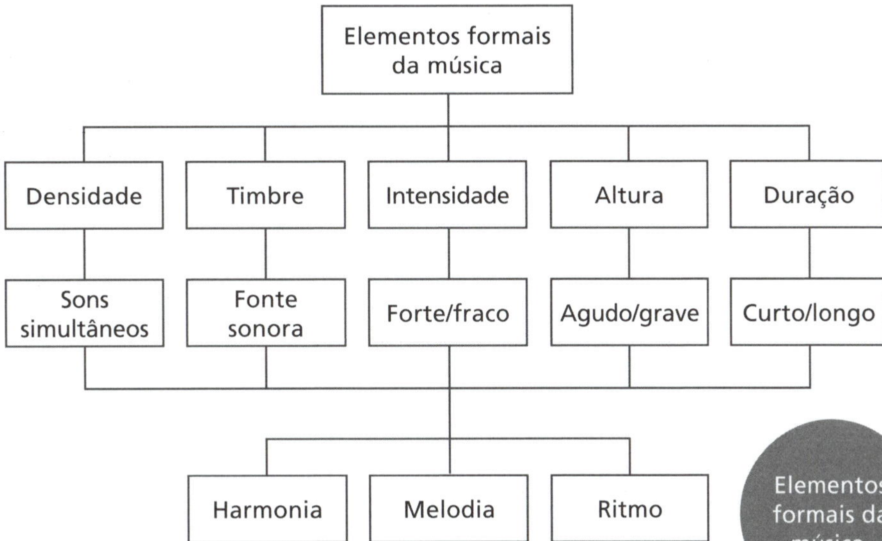

Elementos formais da música.

Harmonia

Na música, harmonia é a combinação de sons, para que sejam reproduzidos de maneira agradável e harmônica por algum instrumento. É também o estudo feito para obter a combinação dos sons, com os intervalos existentes entre eles. É por meio dessa mistura e combinação de sons que uma música transmite diferentes emoções, como felicidade, tristeza, melancolia.

Melodia

Além da harmonia, a melodia é essencial em uma música, pois cria sua identidade. É sobre a melodia que se colocam as palavras que vão compor a música. Assim, a melodia e a harmonia estão muito próximas e precisam uma da outra para dar sentido musical à composição. Se você ouvir apenas a harmonia sendo tocada, pode não identificar a música, mas, se ouvir também a melodia, com certeza saberá de que música se trata.

Shutterstock

Ritmo

O ritmo é o responsável por organizar o tempo em que cada som vai acontecer na música. A música é pautada por compassos, ou tempos, e, quando isso é definido, faz-se a organização temporal da composição. Assim, o ritmo é responsável por determinar em que momento e em que ordem cada som será reproduzido, o que acontece por intermédio da marcação do tempo.

Do mesmo modo que a harmonia consegue expressar uma série de emoções, o ritmo tem igualmente esse poder. Ao mudar o ritmo de uma música, é possível deixá-la mais dançante, mais lenta ou mais calma, por exemplo, o que vai interferir em como o ouvinte recepciona todo o conjunto.

A melodia é uma sequência de notas musicais cantadas ou tocadas seguindo determinado ritmo, em diferentes intervalos.

Para entender um pouco melhor, pense em sua música preferida. Provavelmente, o que lhe veio à mente foi a melodia, que você pode cantarolar e da qual pode se lembrar com facilidade. Podemos ouvir a melodia na voz de um cantor, num solo de guitarra, numa apresentação de piano, de saxofone ou de qualquer outro instrumento.

Densidade

Densidade sonora é a qualidade que estabelece maior ou menor número de sons simultâneos. Quando ouvimos um grande conjunto de timbres (instrumento ou voz), dizemos que a música em questão tem grande densidade sonora (por exemplo, uma orquestra).

Timbre

Shutterstock

Timbre é a "cor" do som; aquilo que distingue a qualidade do tom de um instrumento ou da voz de um cantor, por exemplo, a flauta do clarinete, o soprano do tenor. Cada objeto ou material tem timbre único, assim como cada pessoa tem timbre próprio de voz, tão individual quanto as impressões digitais.

Intensidade

Intensidade é a força do som, também chamada sonoridade. É uma propriedade do som que permite ao ouvinte distinguir se o som é fraco (baixa intensidade) ou forte (alta intensidade) e está relacionada à energia de vibração da fonte que emite as ondas sonoras.

Altura

É por meio da altura que podemos distinguir o som agudo (fino, alto) do grave (grosso, baixo). A altura de um som musical depende do número de vibrações.

Duração

Duração é o tempo que o som permanece em nossos ouvidos, isto é, se o som é curto ou longo. É a característica que revela o tempo de emissão de um som. Depende do tempo que duram as vibrações do objeto que o produz.

LIGANDO COM

QUAIS SÃO OS INSTRUMENTOS RESPONSÁVEIS POR MARCAR O RITMO DE UMA MÚSICA?

Os instrumentos musicais estão divididos em três grandes grupos: instrumentos de corda, instrumentos de sopro e instrumentos de percussão. Cada grupo tem uma variedade de instrumentos que diferem em tamanho, forma, som e função.

Os instrumentos de corda são tocados com as mãos ou usando um arco; os de sopro são tocados com a boca, usando os lábios para soprar o ar por eles; e os de percussão são tocados com as mãos, com os dedos, com os pés ou com um instrumento de percussão especial. Esses instrumentos são usados em bandas, orquestras e outras formações musicais, além de fundamentais para a produção de todos os estilos musicais.

Marinafrost/Shutterstock

Os instrumentos de percussão são utilizados para produzir sons rítmicos de qualquer estilo musical. Entre eles, incluem-se baterias, caixas, tambores, congas, timbales, gongos, xilofones, teclados, vibrafones, marimbas, entre outros.

Leia, assista, ouça, acesse, visite!

Assista às teleaulas a seguir sobre música.

- Teleaula 1. Disponível em: https://www.youtube.com/watch?v=cCz1UgiOMkQ.
- Teleaula 2. Disponível em: https://www.youtube.com/watch?v=01MD_-WFQvQ.
- Teleaula 3. Disponível em: https://www.youtube.com/watch?v=pnvOqHR4hwY.
- Teleaula 4. Disponível em: https://www.youtube.com/watch?v=djf4OinViUM.

Acessos em: 14 dez. 2024.

Na pasta que acompanha este livro, você encontra as fichas para desenvolver as atividades propostas.

• FICHA 35

Construindo um chocalho com material reciclável

ATIVIDADE: Para esta atividade, você vai precisar de duas garrafas PET limpas. Observe as fotos para ver onde você deve cortá-las. Feitos os cortes, coloque grãos (de milho, feijão, lentilha, arroz etc.) em uma das partes. Cada grão, a depender do tamanho, vai produzir som diferente.

Após colocar os grãos, encaixe uma parte da garrafa na outra e arremate colando uma tira de papel colorido. Para dar acabamento, decore o chocalho com fitas adesivas coloridas.

Os chocalhos de material reciclável podem ser feitos com garrafas PET de vários tamanhos ou com latas de suco ou refrigerante vazias e limpas. No caso das latas, peça ajuda a um adulto para cortá-las.

Por fim, em roda, coloquem para tocar a música "Águas de março", de Elis Regina e Tom Jobim (disponível em: https://www.youtube.com/watch?v=E1tOV7y94DY. Acesso em: 14 dez. 2024), e acompanhem-na com o chocalho.

MATERIAL: duas garrafas PET vazias e limpas, tesoura com pontas arredondadas, cola em bastão, um punhado de grãos de qualquer espécie, fitas adesivas coloridas e *smartphone* ou aparelho de som. Na ficha, há algumas tiras de papel colorido, para que você possa fazer mais de um chocalho.

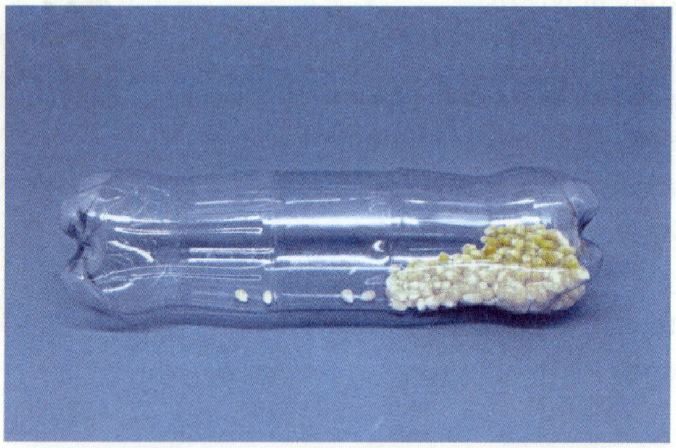

Acervo das autoras

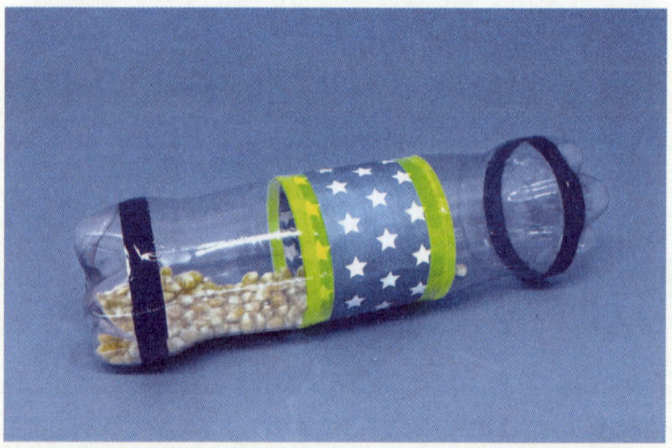

• FICHAS 36 E 36A

Desenhando ao som de Vivaldi

ATIVIDADE: Ouçam as melodias da música "As quatro estações" de Vivaldi. Prestem atenção ao ritmo de cada uma delas. Nas fichas 36 e 36A, aparecem quatro espaços, desenhe em cada um deles o que cada ritmo representa para você.

MATERIAL: lápis grafite, borracha e lápis de cor.
Acesse os *links* para ouvir a música "As quatro estações" de Vivaldi:

PRIMAVERA
https://www.youtube.com/watch?v=GHi9X77TqrY

VERÃO
https://www.youtube.com/watch?v=bKXQizlezzs

OUTONO
https://www.youtube.com/watch?v=9mOux8ju0lc

INVERNO
https://www.youtube.com/watch?v=nvbfFfwzCqg
Acessos em: 14 dez. 2024.

MATERIAL: *playlist* e aparelho de som ou *smartphone*.

Organizem-se em grupos. O professor vai colocar uma música para tocar, apenas por alguns segundos, e então parar a música; em seguida, indicará um grupo para continuar a canção. O grupo deverá cantar a letra e acompanhar o ritmo com palmas; se não souber, deverá passar a vez a outro grupo, até que acerte.

Atividades em grupo sobre música

Acompanhamento de voz ou ritmo de música

Qual é a música?

Dividam-se em grupos. Um representante de cada grupo deverá sortear um papel (previamente preparado pelo professor) que tenha o nome de um filme ou de um desenho. Com os colegas, deverá cantar a música tema do filme ou do desenho sorteado. Se não se lembrarem da letra, cantarolem a melodia e o ritmo.

TEMA 19

História em quadrinhos

Observe e leia a História em quadrinhos a seguir.

Mafalda, de Quino. São Paulo: Martins Fontes, 2010. Páginas 77 e 78, 2ª edição.

Conhecendo Quino

Joaquín Salvador Lavado Tejón, mais conhecido como Quino, nasceu em 17 de julho de 1932, em Mendoza, na Argentina. Filho de imigrantes espanhóis, inspirou-se na avó, revolucionária para a época, para criar, em 1963, a personagem Mafalda.

A garota rebelde surgiu pela primeira vez na mídia em 1964. Os quadrinhos de Mafalda foram traduzidos para mais de 30 idiomas.

Quino deixou de escrever novas histórias com a personagem Mafalda em 1973. Em 1976, mudou-se para Milão, na Itália. Em 1977, a pedido do Fundo das Nações Unidas para a Infância (Unicef), as tirinhas de Mafalda ilustraram a edição internacional da Campanha Mundial de Declaração dos Direitos da Criança. Em 1982, foi eleito "Desenhista do Ano". Faleceu na Argentina, em 30 de setembro de 2020.

A história que você acabou de ler é contada por meio de imagens e palavras organizadas quadro a quadro, em sequência. Essa é uma característica das histórias em quadrinhos, ou HQs.

- **Você costuma ler HQs? Quais são seus personagens favoritos?**

As HQs

As histórias em quadrinhos são obras que apresentam grande diversidade de formatos e podem abordar diferentes temas. Voltadas a públicos de diferentes idades, são uma produção artístico-literária que relaciona linguagem verbal com linguagem visual na apresentação das narrativas. É a aproximação entre as artes visuais e a literatura. Nas HQs, sempre há um personagem ou vários. Para dar voz a eles, usam-se balões. Há balões de vários tipos: de fala, de pensamento, de ruído, de imaginação, de grito etc.

Nos Estados Unidos, paralelamente aos quadrinhos de aventura e de fantasia científica (*Deville*, *Homem-Aranha*, *Batman* e outros), desenvolveu-se a linha de quadrinhos cômicos, conceituais, irônicos, com personagens que se tornaram muito populares, como *Charlie Brown*, de Charles Schulz; *Garfield*, de Jim Davis; e *Calvin e Haroldo*, de Bill Watterson.

Dist. Universal Uclick

Garfield, de Jim Davis. Disponível em: https://bit.ly/2m1eQaT. Acesso em: 8 abr. 2025.

Garfield é um personagem que se comunica nas histórias sempre pelo pensamento. Observe na HQ como Jim Davis aliou texto à imagem para representar a chuva de granizo. Ele usou um recurso muito comum nas HQs, a onomatopeia.

Onomatopeias

As onomatopeias são palavras que dão sentido ao som, imitam o som. Veja as mais comuns:

HA! HA! HA! – risada.

ARGH! – nojo.

BUÁ! – choro.

BUM – estouro de bomba.

CHUÁÁ!!... – algo ou pessoa caindo na água ou a água caindo.

CRACK – quebra de um objeto.

GLUB-GLUB! – engolindo água.

GLUG, GLUG – engolindo alimentos.

PLA, PLA, PLA – aplausos.

PLAF, PLOF – objeto que caiu.

RONC, RONC – ronco.

ZUUN! – motor de carro.

ZZZZ... – pessoa dormindo.

gst/Shutterstock

Aratehortua/Shutterstock

Shutterstock

Nas histórias em quadrinhos, é importante:

- Identificar os personagens e caracterizá-los.
- Estabelecer o protagonista – se ele é fixo ou muda a cada quadrinho.
- Subdividir a história em cenas ou quadros, definindo os gestos, os diálogos e os ambientes, e enquadrá-la.
- Subdividir a estrutura e o comprimento da história, que pode ter poucos ou muitos quadros, episódios completos ou incompletos, para imaginar o final.
- Escolher a técnica (branco e preto ou em cores).
- Programar a paginação, realizada segundo técnicas cinematográficas, com personagens vistos do alto, de baixo, ao longo dos campos, em primeiro plano etc.
- Conservar certa unidade cromática e gráfica e sequência lógica.

Criado em 1938 pela dupla Joe Shuster e Jerry Siegel, o *Superman*, ou *Super-Homem*, tornou-se um dos mais famosos super-heróis do século XX. Já o *Homem-Aranha* é um dos mais importantes heróis dos quadrinhos.

DC Comics

Superman. Ilustrado por Stephen Youll.

Anton_Ivanov/Shutterstock

Homem-Aranha, HQ criada na década de 1960 pela dupla Stan Lee e Steve Pitko.

LIGANDO COM

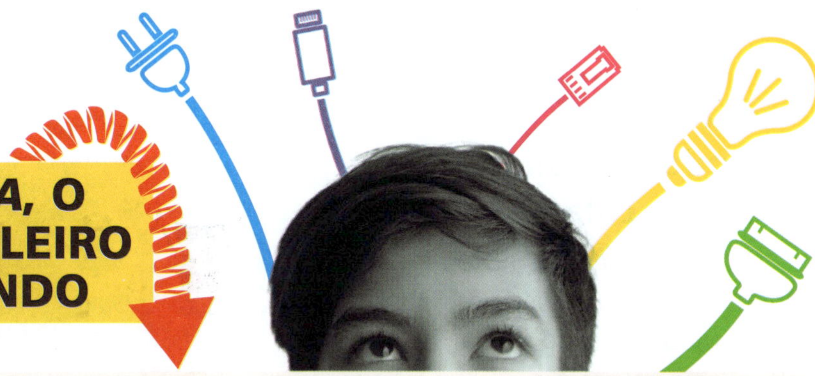

TURMA DA MÔNICA, O QUADRINHO BRASILEIRO MAIS LIDO NO MUNDO

A primeira tirinha oficial da *Turma da Mônica* surgiu em 1959, por Mauricio de Sousa. Os primeiros personagens que Mauricio criou foram o simpático cãozinho Bidu e o jovem cientista Franjinha. Cebolinha, Cascão, Chico Bento, Magali e Mônica foram surgindo depois. Ao contrário do que se pensa, Mônica não era a protagonista. No início, ela aparecia apenas como coadjuvante nas histórias de Cebolinha. Seu jeito bravo e engraçado acabou chamando a atenção de todos, e, em pouco tempo, ela ganhou a própria história.

A *Turma da Mônica* foi crescendo, de forma que surgiram dezenas de personagens durante as últimas décadas. Atualmente, a turma principal é composta de diversos personagens secundários e quatro personagens principais: Cascão, o menino que não gosta de tomar banho; Magali, a garota comilona; Cebolinha, o garoto que troca o R pelo L; e Mônica, a dona da rua, dentuça e brava.

Mônica e sua turma já saíram dos quadrinhos impressos e viraram série de animações e, mais recentemente, ganharam atores para representá-los no filme *Turma da Mônica – laços!*, produção de 2018, dirigida por Daniel Rezende.

Fonte: *História da Turma da Mônica,* por Andre Júnior. Disponível em: https://www.webartigos.com/artigos/a-historia-da-turma-da-monica/57936. Acesso em: 25 fev. 2025.

Mauricio de Souza Produções

Mônica, personagem criada por Mauricio de Sousa em 1963, tornou-se personagem principal em 1970. É tida como uma das personagens mais importantes dos quadrinhos.

FICHA

Na pasta que acompanha este livro, você encontra as fichas para desenvolver as atividades propostas.

• FICHA 37

Preenchendo balões – escrever e desenhar

ATIVIDADE: Como você viu no conceito sobre histórias em quadrinhos, procure uma fala que se adapte a cada tipo de balão e preencha aqueles que estão desenhados no espaço à esquerda. Depois, crie três balões diferentes – um de fala, um de pensamento e um de grito – do lado direito da página. Após escrito, passe caneta hidrocor colorida.

MATERIAL: lápis grafite, borracha e caneta hidrocor.

• FICHA 38

Criando personagens – recortar, colar e desenhar

Os personagens de histórias em quadrinhos podem ser pessoas, animais ou até mesmo objetos. É só dar um nome a eles e uma fisionomia.

ATIVIDADE: Procure em revistas alguns personagens, recorte-os e cole-os no espaço à esquerda da ficha. No espaço à direita, crie alguns personagens, dê nome a eles e, depois, pinte-os.

MATERIAL: tesoura com pontas arredondadas, cola em bastão, lápis grafite, borracha, lápis de cor e caneta hidrocor.

Virinaflora/Shutterstock

• FICHAS 39 E 39A

História em quadrinhos – desenhar e pintar

ATIVIDADE: Usando os personagens que você criou na ficha anterior ou, ainda, criando outros, invente uma história em quadrinhos. Na ficha 39, faça um roteiro para cada cena; na ficha 39A, desenhe e pinte. Use o primeiro espaço, à esquerda, para colocar o título de sua história.

MATERIAL: lápis grafite, borracha, lápis de cor e caneta hidrocor.

TEMA 20

Pintura com tinta acrílica

Observe a imagem a seguir.

Releitura de *O nascimento de Vênus* (1984), por Andy Warhol. Da obra de Sandro Botticelli, *O Nascimento de Vênus* (1482). Serigrafia e tinta acrílica sobre linho, 121,9 cm × 182,8 cm.

Andy Warhol foi um artista que marcou a cultura *pop* surgida nos anos 1950. Suas obras imortalizaram imagens que circulavam na mídia naquele momento ou transformaram ícones da pintura, como a Vênus de Botticelli, nesse estilo de arte que aspirava atingir um público cada vez maior. Para muitos trabalhos, Andy Warhol usou a pintura com tinta acrílica, produto inventado poucos anos antes.

A tinta acrílica

Pela característica da tinta a óleo, que, nas pinturas de murais, facilmente amarelava e se tornava frágil em relação ao clima, a tinta acrílica, empregada, a princípio, na pintura de paredes, passou a ser adotada para as pinturas artísticas de muralistas mexicanos como Diego Rivera, José Orozco e David Siqueiros. A tinta a óleo também demorava muito para secar, o que dificultava o trabalho dos muralistas, que, por ser ao ar livre, estava sujeito a mudanças climáticas. Uma chuva, por exemplo, podia acabar com o trabalho de composição da pintura de vários dias.

Muralista: pertencente ao Muralismo, movimento artístico do início do século XX que consistia na pintura, em grandes proporções, de paredes ou muros com temas de interesse social.

Assim, a pintura acrílica entrou em cena no momento em que os artistas começaram a explorar movimentos como cultura *pop*, fotorrealismo, Expressionismo abstrato, arte *pop* e forneceram um meio ideal para essas formas de arte, que utilizavam imagens planas com contornos nítidos e uso distinto de linhas.

GBJSTOCK/Shutterstock

Os suportes também podiam ser variados, e diferentes texturas podiam ser feitas – misturando-se areia, água ou outros elementos na pintura. As cores podiam ser transparentes ou opacas, e os artistas podiam trabalhar muito mais rápido, graças ao tempo de secagem.

Os suportes para a pintura acrílica podem ser os mais variados – folhas de desenho, papelão, tela, lona, suportes de madeira. A secagem muito rápida é uma de suas principais características.

A facilidade de desenhar e a translucidez após seca intensificaram o interesse de artistas modernos pelo uso da tinta acrílica, como os estadunidenses Andy Warhol, Robert Motherwell, Larry Poons e Helen Frankenthaler e os britânicos Bridget Riley e David Hockney. O sombreado com acrílicos ocorre, às vezes, com etapas que permitem a passagem de um tom para outro ou com os sucessivos véus de cores diluídas em água. As tintas acrílicas podem ser facilmente misturadas usando-se água como diluente, que também serve para limpeza dos materiais.

A chegada da pintura com tinta acrílica abriu uma nova onda de criatividade e exerceu forte influência no desenvolvimento dos movimentos e das tendências artísticas do século XX.

Materiais e organização para a pintura com tinta acrílica

photopsist/Shutterstock

Tinta

A tinta acrílica é facilmente encontrada no mercado tanto em tubos como em potes. As cores básicas, como branco de titânio, magenta, azul-ultramar, amarelo-canário, verde-folha, carmim, ocre e preto, permitem obter novas cores com base em misturas.

As embalagens em tubos são mais adequadas para iniciantes, porque assim é possível comprar pequenas quantidades.

Pincéis

Cafe Racer/Shutterstock

Existem vários tipos de pincéis, classificados de acordo com duas características: o formato da ponta e o material das cerdas. Há tipos diferentes de pontas: planas e arredondadas. As cerdas podem ser feitas de diferentes materiais. Os mais comuns são os sintéticos e de pelo de animais.

Os pincéis de cerdas naturais e sintéticas são os melhores para iniciar um trabalho com tinta acrílica.

Para o início de pintura, os números 8, 12 e 20, de ponta chata, são ideais. Mas também podem ser usados os números 8 e 12 de ponta arredondada.

Diluentes

A água é o diluente da tinta acrílica, mas é útil também para limpeza dos materiais. Ao pintar com tinta acrílica, é indicado ter alguns recipientes plásticos para limpeza dos pincéis.

Paleta

Aleksandr Shablovskii/Shutterstock

Para iniciar uma pintura, é necessário ter um suporte para colocar a tinta e fazer as misturas. Esse suporte chama-se paleta. Artistas que usam tinta a óleo costumam utilizar paletas de madeira, mas, para pintura com tinta acrílica, são recomendáveis suportes plásticos – podem-se, ainda, usar bandejas.

Base para pintura – tela

A tinta acrílica é grossa e pesada, por isso só pode ser usada em determinadas superfícies. As bases mais utilizadas são telas de lona, de papelão ou de madeira. O tamanho do suporte pode variar de acordo com o motivo que será pintado. No mercado, há telas de todos os tamanhos e formatos: quadradas, retangulares, redondas e de outras formas geométricas.

As telas têm acabamento e espessura diferentes. Nas bordas, são usados grampos para fixar a lona no bastidor – quando os grampos ficam escondidos do lado de dentro da lona, a tela é denominada "tela virada" e não precisa de moldura.

Bastidor: caixilho de madeira de formas variadas. Nele, é preso e esticado o tecido sobre o qual se pode pintar, bordar, entre outras coisas.

Outros materiais

Os materiais de pintura precisam ser conservados para que estejam prontos para uso, quando necessário. É importante a limpeza desses materiais sempre que se termina uma etapa do trabalho, porque a tinta acrílica, depois de seca, não pode mais ser removida; portanto, limpe os pincéis, os recipientes de água e o espaço onde trabalhou. Para isso, é importante ter panos velhos, jornais e papéis de limpeza. É recomendado também ter um avental ou uma camiseta velha para não sujar a roupa.

Técnica de pintura com tinta acrílica

Antes de iniciar uma pintura, é preciso ter em mãos todo material que será utilizado, incluindo papel ou plástico, que será usado para forrar a mesa onde será realizada a pintura.

Depois de tudo organizado, o próximo passo é decidir o que se vai pintar. Pode-se ter um modelo para se inspirar ou, ainda, pintar alguma coisa que venha na imaginação ou na memória.

Primeiro, é preciso riscar na tela o desenho que se vai pintar. É possível usar carbono para transferir o desenho ou desenhar a mão livre.

Depois da tela já desenhada, é possível começar a pintura, sempre da parte superior da tela para baixo, para evitar sujar o braço ou a roupa.

É importante também começar a pintura pelo fundo, no desenho, e deixar para o fim os detalhes; se houver contornos, sempre serão a última coisa a ser pintada.

Use a tinta acrílica umedecendo o pincel em água. O importante é sentir que o pincel desliza sobre a tela, não muito encharcado, a não ser que você deseje uma pintura com efeito aguado.

O pincel deve ser limpo a cada cor usada. É preciso ter dois recipientes com água: um para lavar o pincel, e outro, para umedecê-lo com água limpa.

Ao pintar um espaço e a cor não agradar, usa-se o pincel limpo para retirar a tinta. É possível também esperar a tinta secar e pintar por cima.

Krakenimages.com/Shutterstock

Como a tinta acrílica seca rapidamente, se a ideia for fazer um *dégradé* ou uma pintura mesclada, é preciso ser rápido, para que a tinta não seque.

Depois de seca a pintura, ainda é possível dar os últimos retoques.

Se a tela não for emoldurada, a pintura deve ir até a borda, acompanhando a cor de cada espaço.

FICHA

Na pasta que acompanha este livro, você encontra as ficha para desenvolver a atividade proposta.

• FICHA 40

Pintura em tela com tinta acrílica

ATIVIDADE: Após ler o texto sobre pintura com tinta acrílica, chegou a sua vez de pintar uma tela com esse material. Na ficha, há o molde de um coração e um espaço em branco para você fazer o desenho de como será sua tela. Recorte o coração e use o molde para fazer o desenho na tela, riscando seu contorno com lápis grafite. Faça o coração onde quiser: pode ser centralizado, mais abaixo, mais acima – fica a seu critério. Pense nas cores que deseja usar e em qual será seu projeto de pintura.

No modelo a seguir, o coração foi feito mais abaixo, de lado, e no fundo foi feita uma pintura lembrando um quadriculado, mas poderiam ser listras, manchas, o que você imaginar. Use a criatividade para pintar sua tela com tinta acrílica.

MATERIAL: tela 20 cm × 30 cm, tinta acrílica de cores variadas, tesoura com pontas arredondadas, lápis grafite, pincel chato nº 12, pincel redondo nº 10, pote para água, suporte para as tintas e papel para limpeza.

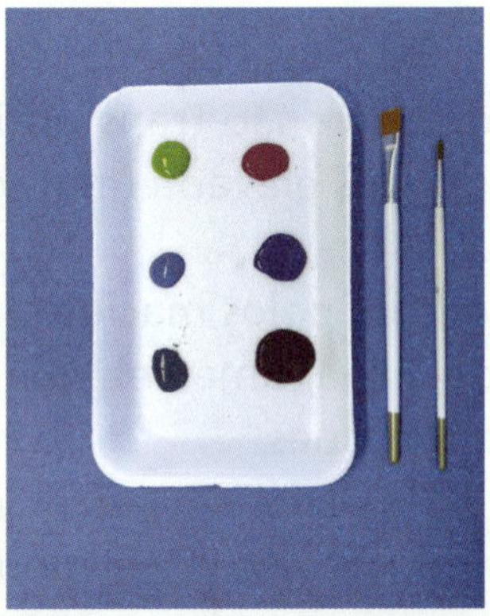

Acervo das autoras

- Crie seu projeto de pintura e faça um esboço do que pretende fazer na tela. Marque as cores com lápis de cor antes de colocar as tintas na tela, assim terá oportunidade de mudá-las, até que fiquem como você quer.

MATERIAIS E TÉCNICAS DE PINTURA

Para realizar as atividades de Arte, é necessário ter em mãos os materiais que serão utilizados. Vamos conhecê-los um pouco.

Apontador

O apontador é peça importante no dia a dia escolar. A lâmina deve ser de aço de boa qualidade para não quebrar a grafite.

Com o passar do tempo, é natural que o apontador perca o fio de corte. Nesse caso, é recomendável substituí-lo por outro.

Aquarela

A aquarela tem como base a água, e seus pigmentos são transferidos para a superfície em que foi aplicada – em geral, papel de gramatura mais elevada (mais grosso) – e se fixam por meio de aglutinantes, semelhantes a uma cola.

Para a aplicação da aquarela, utiliza-se pincel com pelos macios.

Esse tipo de pintura é uma técnica difícil e delicada, uma vez que o aquarelista deve trabalhar rápido, sem poder sobrepor a tinta para retoques.

As pinturas com aquarela são feitas, na maioria das vezes, em papel de fundo branco ou claro.

A aquarela é usada em desenhos de projetos arquitetônicos, em modelos feitos por estilistas, em desenhos artísticos e em todos os momentos em que se faz necessária certa transparência e leveza na pintura.

Em geral, não se usam o branco e o preto. As cores mais escuras ou mais claras surgem da maior ou menor quantidade de água no pincel.

Aquarela em pastilha

As aquarelas podem se apresentar em bisnaga ou em pastilha.

A aquarela em bisnaga é pastosa e encontrada em frascos de metal ou plástico. Para seu uso, é necessário um godê, onde se coloca uma pequena porção de tinta e, com o pincel levemente umedecido, usa-se a quantidade necessária.

A aquarela em pastilha é sólida e bem concentrada; é encontrada em estojos com várias cores.

É muito prático e fácil trabalhar com a aquarela em pastilha, porque já há tinta e godê no mesmo objeto, e toda a tinta disponível está ali. Antes de começar a pintar, pingue uma ou duas gotas de água em cada pastilha; assim, quando for usar a cor, ela já estará pronta.

Avental

Sugerimos o uso de avental para as aulas de Arte. Ele pode ser usado sobre o uniforme, evitando que este se manche.

Borracha

Existem borrachas mais duras e mais macias. Para as atividades artísticas, recomendamos as mais macias.

Caneta hidrocor (hidrográfica)

Há diferentes tipos de canetas hidrográficas, umas com pontas mais finas, outras com pontas mais grossas. Elas surgiram há mais ou menos trinta anos para fins industriais. Mas, com o aperfeiçoamento das fábricas acabaram se tornando ótimos produtos para representações gráficas.

Ao usar canetas hidrográficas para os desenhos, saiba que, de acordo com a inclinação da ponta (de feltro), poderá realizar traços mais finos ou mais grossos. Ao pintar com caneta hidrográfica, evite passar a ponta várias vezes sobre o mesmo lugar para não manchar o trabalho.

Elas podem ser utilizadas para desenhar linhas, cobrir superfícies etc.

Ao trabalhar com essas canetas, você deve se lembrar de que a tinta seca muito rápido; por isso, procure não deixá-las sem tampa.

Cola colorida

Tem dupla função: colar e pintar. Pode ser aplicada com pincel, esponja, espátula ou com o próprio bico aplicador. Tampe após o uso e lave os instrumentos de aplicação com água potável antes que a cola seque. Ela vem em estojo com seis cores.

Aguarde sempre o tempo certo para secagem para não estragar o trabalho. Esse material deve sempre ser aplicado por último, evitando borrões.

Cola *glitter*

Cola com brilho intenso para aplicação em cartolina, madeira, papelão e isopor.

Produto não tóxico, ideal para trabalhos escolares. Normalmente, o bico da embalagem serve como aplicador; aguarde sempre o tempo certo para secagem para não estragar o trabalho. Esse material deve sempre ser aplicado por último, evitando borrões.

Compasso

O compasso serve para traçar arcos e circunferências. É formado por duas pontas: ponta-seca e ponta riscante. A primeira é a que fixa o compasso no papel; a segunda é a que vai fazer o arco ou a circunferência. Existem alguns compassos em que, no lugar da ponta riscante, é possível colocar um lápis grafite ou uma caneta. Esses compassos são bastante úteis para as atividades de Arte.

Giz de cera

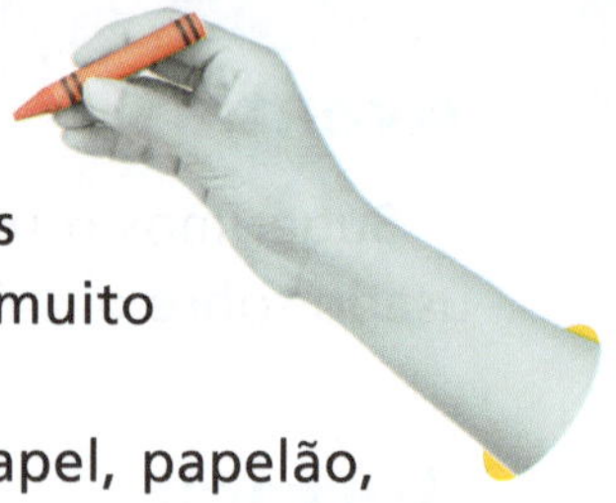

Os gizes de cera são barras de cera coloridas, em formatos e tamanhos diferentes, que contêm pigmentos antitóxicos. São bastante práticos e muito usados nas aulas de Arte.

Podemos trabalhar com giz de cera em diferentes superfícies, como papel, papelão, madeira, cartolina, cartão, lixa e outros materiais. Sua consistência é macia, e não é necessário aplicar grande pressão.

Pintando uma cor sobre a outra, podemos mesclá-las, conseguindo outras cores.

Técnicas para o uso do giz de cera

O giz de cera proporciona pintura mais rústica que o lápis de cor e pode ser usado na horizontal sobre o papel, criando efeito de textura.

O resultado final da pintura com giz de cera é brilhante.

Leo Fernandes/Shutterstock

Guache

A tinta guache é uma mistura à base de água, goma arábica (aglutinante), pigmento colorido em pó e pigmento branco opaco.

Existe guache em pote de vidro, de plástico e em bisnaga.

O guache pode ser aplicado em diversos materiais, como papel, tecido, couro etc.

Como e o que pintar com guache

Para pintar com guache, são necessários:

- Pincéis roliços ou chatos, de preferência de pelos macios.
- Recipientes para colocar as tintas; pode ser pires de chá ou de café ou bandejas de isopor.
- Copo de plástico para lavar os pincéis e retalhos de pano para enxugar a pintura.

Atenção! Qualquer tipo de desenho pode ser pintado com guache. É importante esperar uma cor secar bem para aplicar outra.

Não se deve deixar a tinta muito líquida; ela deve ficar meio pastosa, consistente.

Como proceder para pintar com guache

Para começar, forre a mesa em que será feito o trabalho.

Para preparar a tinta, coloque a cor escolhida em um pires e adicione algumas gotas de água.

Para pintar, molhe o pincel na tinta, tendo cuidado para não o usar em cores diferentes, sem antes lavá-lo.

Deixe o desenho secar e evite colocar os dedos sobre ele para não manchar. Terminado o trabalho, lave o pincel e enxugue-o em um retalho de pano.

Ao terminar a pintura, limpe sempre o local onde trabalhou.

Feche bem os vidros de tinta, limpe o pincel e lave com água o recipiente usado no trabalho.

Lápis de cor

Os lápis de cor são recobertos de madeira, têm pontas coloridas e são usados para pintar.

As cores dos lápis de cor são miscíveis, ou seja, se você sobrepuser uma cor sobre outra, obterá uma nova cor. A coloração da pintura – forte, escura, clara ou esfumaçada – vai depender da maneira como pressionarmos a mão sobre o papel.

Podemos obter diferentes efeitos usando os lápis de cor.

Para pintar um espaço de fundo com cor suave, experimente usar o lápis da seguinte forma: aponte o lápis da cor desejada, derramando o pó da grafite sobre o papel. Então, com um pedaço de algodão, espalhe a cor sobre o papel.

Lápis de cor aquarelável

O lápis de cor aquarelável tem miolo mais grosso e solúvel em água. É indicado para desenvolver as técnicas de aquarela.

- Técnica do pincel úmido: use o lápis de cor aquarelável sobre o papel e passe sobre a pintura um pincel limpo e úmido. Cada vez que for passar o pincel sobre uma nova cor, lave-o bem, para que não manche seu trabalho.
- Técnica do papel úmido: umedeça levemente uma folha de papel com um pincel. Enquanto o papel estiver úmido, desenhe com o lápis aquarelável.
- Técnica da aguada: pinte o contorno do desenho com lápis aquarelável e, depois, com a ajuda de um pincel úmido, "arraste" a cor da borda para dentro do desenho.

Um fator importante no uso do lápis aquarelável é o papel, que deve ser mais grosso, pois, se for muito fino, pode enrugar.

Lápis grafite

O lápis grafite é o material mais usado nas atividades artísticas. Com ele, podemos escrever, desenhar e fazer sombreados.

Existem lápis e cargas para lapiseiras de diferentes graduações.

Os lápis que têm grafites mais duras servem para desenhos de mais precisão. Porém, para as aulas de Arte, indicamos as mais macias, pois são fáceis de apagar. As grafites são adquiridas, em geral, em papelarias, nas mais variadas graduações. Existe uma numeração para indicar a graduação. Observe:

Para desenho artístico, esboço: 
6B 5B 4B 3B 2B B

Para desenho, escrita em geral: 
HB F H

Lembre-se:
B = mole (macio);
F = fino (ponta fina);
HB = médio; H = duro.

Para desenho técnico, aplicações sobre papel vegetal: 
2H 3H 4H 5H 6H

Papel

Para desenhar, utilizamos papéis, que podem ser classificados em:

- Transparentes: aqueles que nos permitem ver o desenho ou a fotografia colocada debaixo deles. Podem ser sintéticos ou vegetais.
- Opacos: aqueles que não nos permitem ver o desenho ou a fotografia colocada debaixo deles. Podem ser rugosos, acetinados ou lisos.

Pincel

Um pincel é formado por três partes: o cabo, a virola e a ponta.

Os **cabos**, dependendo da finalidade, podem ser longos ou curtos.

É importante trabalhar com estabilidade e equilíbrio. Por isso, para pintura a guache, aquarela e tinta acrílica, os cabos geralmente são mais curtos. Já para pintura a óleo, são mais longos.

A **virola** é a parte que liga o cabo à ponta do pincel. Em geral, é de alumínio ou latão.

Para as **pontas**, são usados, normalmente, filamentos sintéticos, indicados para pinturas acrílicas, por serem bastante resistentes.

A montagem de um pincel é quase um trabalho artesanal.

Observe os formatos dos pincéis na imagem quanto à ponta.

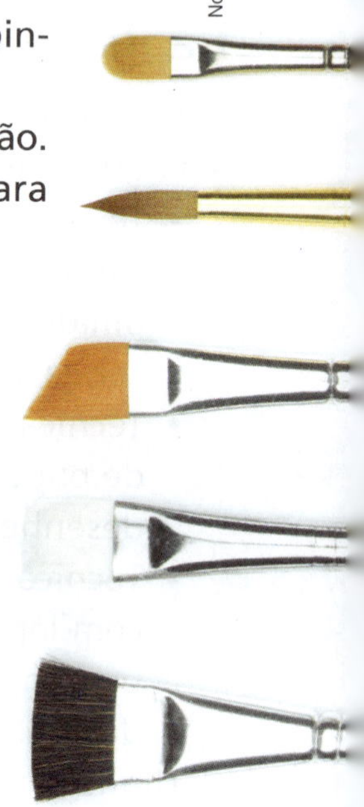
Normallens/Shutterstock

Cuidados com os pincéis

Após o uso, deve-se retirar toda a tinta do pincel. Se a tinta for guache, aquarela ou acrílica, basta lavá-lo com água e sabão neutro e enxugá-lo bem. Se a tinta for a óleo, remova-a com um solvente, depois lave o pincel com água e sabão neutro e enxugue-o.

Deixe o pincel secar apoiado pelo cabo e, com os dedos, modele-o no formato original.

Régua

A régua é um instrumento que serve para medir segmentos de reta. Existem réguas de madeira, de plástico opaco ou transparente, de metal etc. Na borda da régua, há as graduações em centímetros e milímetros. Para os trabalhos de Arte, indicamos uma régua transparente de 30 cm.

Tinta acrílica

A tinta acrílica tem consistência cremosa e é solúvel em água. Porém, depois de seca, forma uma camada plástica resistente, que não se dilui mais.

Essa tinta não é tóxica, mas é preciso ter cuidado com a roupa quando se está pintando, pois, depois de seca, é quase impossível ser lavada.

Os pincéis ideais são os chatos e de pelos mais firmes, que devem ser lavados assim que se terminar a pintura, para que não se estraguem.

Para a tinta acrílica, recomenda-se usar como suporte uma bandeja de isopor, dessas que servem de embalagem para frios ou outros alimentos; desse modo, após usada, pode ser descartada.

Procure seguir esses passos ao pintar uma tela com tinta acrílica:

1) Escolha o desenho que quer pintar.
2) Desenhe-o na tela com lápis grafite (2B).
3) Separe as cores de que vai precisar e coloque pequenas quantidades no suporte que preparou (bandejas de isopor). A tinta acrílica seca rápido, por isso coloque pequenas quantidades e vá repondo apenas as cores necessárias, evitando desperdício de material.
4) Comece sempre pintando o fundo, de cima para baixo, evitando se sujar.
5) Deixe os detalhes para o final, principalmente se for usar uma cor mais escura.
6) A tinta deve deslizar na tela; se sentir necessidade, umedeça o pincel quantas vezes forem necessárias, mas evite deixar a tinta muito aguada, a não ser que deseje fazer um efeito aquarela.

Se você errar o desenho, não se preocupe. Use borracha para apagar. Se mesmo assim os riscos não "sumirem", passe uma fina camada de tinta branca para cobri-los e, a seguir, pinte com as cores de sua preferência.

LISTA DO MATERIAL UTILIZADO NESTE VOLUME

- Água.
- Aquarela em pastilha.
- Bandeja de isopor.
- Barbante ou fita.
- Base para artesanato branca.
- Borracha.
- Caixa vazia de papelão.
- Caneta esferográfica.
- Caneta hidrocor, várias cores.
- Caneta hidrocor preta.
- Caneta preta de ponta grossa.
- Cola branca.
- Cola em bastão.
- Cola quente.
- Fio de náilon.
- Fitas adesivas coloridas.
- Fita banana.
- Fita-crepe.
- Forma.
- Garrafas PET vazias e limpas.
- Gesso.
- Giz de cera.
- Grãos variados.
- Lápis de cor.
- Lápis grafite macio (nº 2 ou 2 B ou 6B).
- Massa de modelar ou argila branca.
- Material de desenho ou colagem livre.
- Material de pintura livre.
- Materiais diversos.
- Palito de madeira para churrasco.
- Pano para limpeza.
- Papel adesivo transparente.
- Papel de seda, várias cores.
- Papel higiênico ou papel-toalha.
- Papel para limpeza.
- Papéis diversos e coloridos.
- Pedaços de papelão.
- Pincéis chatos de cerdas mais duras nºs 12, 18 e 20.
- Pincéis redondos de pelo macio nºs 10, 12 e 14.
- Recipiente para água.
- Recipiente para mistura.
- Tesoura com pontas arredondadas.
- Tinta acrílica, várias cores.
- Tinta guache, várias cores.
- Tinta spray.
- Régua de 30 cm.
- *Smartphone* ou aparelho de som.
- Suporte para tintas.
- Tela 20 cm × 30 cm.

BIBLIOGRAFIA

ABREU, Regina; CHAGAS, Mário (Org.). *Memória e patrimônio*: ensaios contemporâneos. Rio de Janeiro: DP&A, 2003.
ACERVO Museu Nacional de Belas Artes. São Paulo: Banco Santos, 2002.
ANTUNES, Arnaldo. As trilhas de um corpo. In: *Lições de dança 2*. Rio de Janeiro: UniverCidade, 2000. p. 11-25.
APPLE, Michael W. *Educação e poder*. Maria Cristina Monteiro (Trad.). Porto Alegre: Artes Médicas, 1989.
ARTISTAS plásticos no Ballet IV Centenário. In: AMARAL, Glaucia (Org.). *Fantasia brasileira*: o Balé do IV Centenário. São Paulo: Sesc, 1998. p. 170-175.
BARBOSA, Ana Mae. *Inquietação e mudanças no ensino da arte*. São Paulo: Cortez, 2016.
BASBAUM, Sergio Roclaw. *Sinestesia, arte e tecnologia*: fundamentos da cromossonia. São Paulo: Annablume, 2002; São Paulo: Cortez, 2002.
BERTHOLD, Margot. *História mundial do teatro*. São Paulo: Perspectiva, 2000.
BREGOLATO, Roseli Aparecida. *Cultura corporal da dança*: livro do professor e do aluno. São Paulo: Ícone, 2000. p. 181.
CAMPBELL, Joseph. *Para viver os mitos*. São Paulo: Cultrix, 1997.
CHACRA, Sandra. *Natureza e sentido da improvisação teatral*. São Paulo: Perspectiva, 1983.
COHEN, Renato. Da linguagem: *performance-collage* como estrutura. In: ______. *Performance como linguagem*. São Paulo: Perspectiva, 2002. p. 47-89.
CONNOR, Steven. *Cultura pós-moderna*: introdução às teorias do contemporâneo. São Paulo: Loyola, 1992.
COURTHEY, Richard. *Jogo, teatro e pensamento*: as bases intelectuais do teatro na educação. São Paulo: Perspectiva, 1980.
CROSS, Jack. *O ensino de Arte nas escolas*. São Paulo: Cultrix/Edusp, 1983.
DENIS, Rafael Cardoso. Introduction: academic narratives. In: *Art and the academy in the nineteenth century*. Reino Unido: Manchester University Press, 2000. p.1-11.
EULÁLIO, Alexandre. O século XIX. In: Catálogo da exposição *Tradição e Ruptura*. São Paulo: 1984.
EURENZWEIG, Anton. *A ordem oculta da arte*: um estudo sobre a psicologia da imaginação criadora. Rio de Janeiro: Zahar, 1969.
FISCHER, Ernst. *A necessidade da arte*. Rio de Janeiro: Zahar, 1976.
FLORENTINO, Adilsom; TELLES, Narciso. *Cartografias do ensino de teatro*: das ideias às práticas. Uberlândia: Udufo, 2008.
FONTANEL, Brassart. *A prática da expressão plástica*. São Paulo: Martins Fontes, 1984.
FONTCUBERTA, Joan. *A câmera de pandora*: a fotografia depois da fotografia. São Paulo: G. Gilli, 2012.
GAGNARD, Madeleine. *Iniciação musical dos jovens*. Lisboa: Estampa, 1981.
GOMBRICH, E. H. *Norma e forma*. São Paulo: Martins Fontes, 1990.
HARVEY, D. *Condição pós-moderna*. São Paulo: Loyola, 1992.
HOBSBAWM, Eric. *Era dos extremos*: o breve século XX (1914-1991). São Paulo: Companhia das Letras, 1995.
HOWARD, Walter. *A música e a criança*. São Paulo: Summus, 1984.
JENKINS, Henry. *Cultura da convergência*. São Paulo: Aleph, 2009.
KANDINSKY, Wassily. Sobre a questão da forma. In: *Olhar sobre o passado*. São Paulo: Martins Fontes, 1991.
KNELLER, George F. *Arte e ciência da criatividade*. São Paulo: Ibrasa, 1973.
KOUDELA, Ingrid Dormien. *Jogos teatrais*. São Paulo: Perspectiva, 1984.
LABAN, Rudolf. *Domínio do movimento*. São Paulo: Summus, 1978.
LEITE, Luiza Barreto et al. *Teatro é cultura*. Rio de Janeiro: Brasília/Rio, 1976.
LEITE, Marcos. *Método de canto popular brasileiro para vozes médio-agudas*. Rio de Janeiro: Lumiar, 2001.
MACHADO, Arlindo. *Arte e mídia*. Rio de Janeiro: Jorge Zahar, 2007.
MACKINTOSCH, Alastair. *O simbolismo e o art-nouveau*. Barcelona: Labour, 1977.
MALTESE, Conrado. *Realismo e verismo nella pittura italiana dell'Ottocento*. Milão: Fratelli Fabri Editori, 1967.
MARCHESINI, Elisabete. *Metodologia de pesquisa*: abordagem teórico-prática. Campinas: Papirus, 2000.
MARTINEZ, Emanuel; SARTORI, D.; GORIA, P.; BRACK, R. *Regência coral*: princípios básicos. Curitiba: Dom Bosco, 2000.
MONTEVERDI, Mario. *Storia della pittura italiana dell'Ottocento*. Milão: Bramente Editrice,1984.
MORAN, J. M. *Como ver televisão*: leitura crítica aos meios de comunicação. São Paulo: Paulinas, 1991.
MOREIRA, Paulo Roberto. *Psicologia da educação*. São Paulo: FTD, 1994. (Coleção Aprender e Ensinar).
MÜLLER, V. B. Ações sociais em educação musical: com que ética, para qual mundo? *Revista da ABEM*. Porto Alegre, n. 10, p. 53-58.
PAREYSON, Luigi. *Os problemas da estética*. São Paulo: Martins Fontes, 1984.
PINHO, Diva Benevides. *A arte como investimento*: a dimensão econômica da pintura. São Paulo: Edusp, 1989.
PULS, Maurício. *O significado da pintura abstrata*. São Paulo: Perspectiva, 1998.
REVERBEL, Garcia Olga. *Jogos teatrais na escola*. São Paulo: Scipione, 1993.
______. *Teatro na escola*. São Paulo: Scipione, 1989.
ROBINSON, R.; Winold, A. *The choral experience*. New York: Harper's, 1976.
SANTAELLA, Lucia. *A ecologia pluralista da comunicação*: conectividade, mobilidade, ubiquidade. São Paulo: Paulus, 2010.
SILVA, U. R.; Loreto, M: L. S. *Elementos de estética*. Pelotas: Educarte, 1995.
SOUZA, Alcídio M. de. *Artes plásticas na escola*. Rio de Janeiro: Blóch Educação, 1997.
VIDOR, Heloise B. *Drama e teatralidade*: o ensino do teatro na escola. Porto Alegre: Mediação, 2010.
ZUMTHOR, Paul. *Escritura e nomadismo*: entrevistas e ensaios. Jerusa Pires Ferreira e Sonia Queiroz (Trad.). Cotia (SP): Ateliê Editorial, 2005.